FÊTE

DONNÉE

Le 10 Octobre 1847, par la Ville de Coutances,

À L'OCCASION DE

L'INAUGURATION DE LA STATUE

DE

CHARLES-FRANÇOIS LE BRUN, DUC DE PLAISANCE,

Troisième Consul de la République Française,

Prince, Architrésorier de l'Empire, Pair de France,
Membre de l'Institut.

———— ❦ ————

Coutances. — Imprimé par Verel et Daireaux.

✕

ANNÉE 1847.

CHARLES FRANÇOIS LEBRUN
DUC DE PLAISANCE
3ᵉ CONSUL DE LA RÉPUBLIQUE FRANÇ.
PRINCE, ARCHITRÉSORIER DE L'EMPIRE
PAIR DE FRANCE
MEMBRE DE L'INSTITUT.

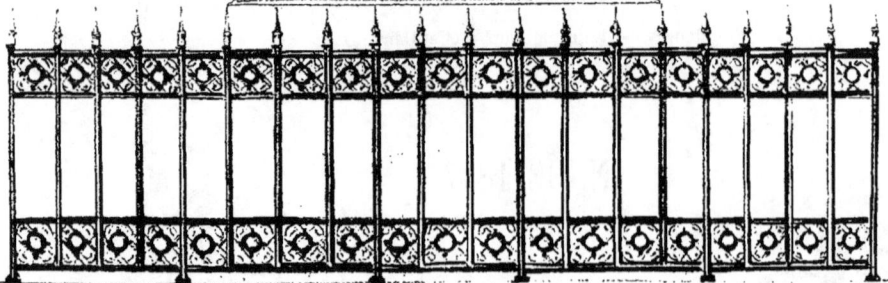

J.T. Boisselat Lith.   Lith H Jannin   ... sculp.

FÊTE,

DONNÉE,

LE 10 OCTOBRE 1847, PAR LA VILLE DE COUTANCES,

A l'occasion de l'Inauguration

DE LA STATUE

DE

CHARLES-FRANÇOIS LEBRUN, DUC DE PLAISANCE,

3.me Consul de la République Française,

Prince, Architrésorier de l'Empire, Pair de France, Membre de l'Institut.

COUTANCES — TYPOGRAPHIE DE VEREL & DAIREAUX

1847.

INAUGURATION

DE LA STATUE DE CHARLES-FRANÇOIS LE BRUN,

DUC DE PLAISANCE,

L'HISTOIRE des cités comme celle des empires offre ses jours mémorables, et présente aussi des faits dignes d'un long souvenir. Telle sera pour la ville de Coutances, la journée du 10 octobre 1847, signalée par l'Inauguration de la Statue de Charles-François Le Brun, monument national élevé à sa mémoire par la reconnaissance de ses compatriotes.

La ville et l'arrondissement de Coutances se souviendront longtemps de cette fête, qui a dû son principal éclat à la présence de M. le Ministre de l'instruction publique.

La foule qui encombrait les rues et les places de Coutances était digne du spectacle qui l'y attirait, elle était calme et bienveillante comme il convenait dans un jour consacré à célébrer la mémoire d'un grand citoyen. Dès 7 heures et demie du matin, la garde nationale, la troupe de ligne et la gendarmerie, rassemblées sur la place de la Mairie, se sont mises en marche avec les autorités administratives, le corps municipal et un grand nombre de notabilités de l'arrondissement, pour aller attendre M. le Ministre à l'arc-de-triomphe qui lui avait été élevé sur l'embranchement des routes de St-Lo et de Périers. A neuf heures, un roulement de tambours a annoncé l'arrivée de M. le Ministre. Le canon et la musique de la garde nationale se sont fait entendre. M. de Salvandy est descendu de sa voiture à l'arc-de-triomphe et a été complimenté par M. le Sous-Préfet et par M. le Maire de Coutances.

M le Sous-Préfet lui a adressé la parole en ces termes :

Monsieur le Ministre,

« Nous avons appelé de tous nos vœux le moment où il nous serait permis de vous remercier d'être venu vous enquérir de nos besoins et de nos intérêts, visiter nos principaux établissements d'éducation publique, les éclairer de vos conseils et les encourager de vos éloges. Une même pensée est dans tous les cœurs, comme une même crainte y était naguère, et en vous priant, au nom de l'arrondissement, d'agréer l'hommage de sa reconnaissance et de son dévouement, je suis, Monsieur le Ministre, l'interprète de sentiments unanimes de loyale et respectueuse sympathie.

» Des divers arrondissements du département, celui de Coutances est le plus important par l'étendue et la richesse de son territoire ; la population est laborieuse, prospère , soumise aux lois, attachée à l'ordre et à nos institutions. Grâce à l'excellent esprit qui l'anime, une marche régulière et progressive est imprimée aux divers services publics, et en particulier à celui dont la sauvegarde est confiée à de si dignes mains.

» Les soins d'une charité toujours active, toujours inépuisable au milieu de nous, avaient laissé jusqu'ici, dans la protection accordée aux enfants du peuple, un vide qu'il importait de combler : la ville de Coutances qui sait, Monsieur le Ministre, quelle noble sympathie vous portez à toute œuvre de bienfaisance, a voulu rattacher à votre passage dans ses murs l'un des souvenirs les plus chers de cette journée, la fondation d'une Salle d'Asile que chacun de nous est fier de voir placée sous vos auspices.

» Il est encore un bienfait que l'arrondissement réclame avec instance et dont il devra la réalisation à votre haute sollicitude pour tout ce qui touche au développement intellectuel du pays. Depuis près de trois siècles, Coutances a mérité l'honneur d'être considéré comme le chef-lieu universitaire du département; son collége, constamment florissant et dont l'éclat, non-seulement dure encore, mais grandit chaque jour, a pour lui la consécration du temps, et cette consécration en appelle une autre que la population tout entière saluera de ses acclamations.

» Il nous sera donné, dans quelques instants, d'honorer, par un pieux et patriotique hommage, la mémoire d'un homme qui puisa au sein de notre collége de féconds enseignements et que l'Université compta au rang de ses Grands-Maîtres. Le pays acquitte une dette sacrée de reconnaissance en élevant un monument à l'illustre citoyen qui, étroitement associé aux grandeurs du Consulat et de l'Empire, couronna si dignement par l'étude des lettres une vie toute dévouée au service de la patrie. Il vous appartenait entre tous, Monsieur le Ministre, de présider une telle solennité ! »

Nous aimerions à citer la réponse de M. le Ministre, ses paroles si pleines de sagesse, d'élévation et de bienveillance, mais l'improvisation est malheureusement aussi fugitive qu'elle est puissante, et l'orateur lui-même ne réussirait pas à se reproduire ; il a terminé son allocution par le cri de vive le Roi, unanimement répété et auquel on a ajouté celui de vive M. le Ministre.

Descendu au palais épiscopal, le Grand-Maître de l'Université a reçu les différents corps ; le tribunal civil, le conseil municipal auquel s'étaient joints les membres du conseil général et du conseil d'arrondissement ; les officiers de la garde nationale, le tribunal de commerce, les juges de paix, les professeurs du collége, les instituteurs primaires. Chaque corps a complimenté M. le Ministre qui a répondu avec un à-propos, un tact et une urbanité de langage qui ont charmé tout le monde.

Mgr l'Evêque a conduit ensuite M. le Ministre dans notre magnifique basilique pour y entendre l'office divin. Parmi les personnes qui les ont accompagnés on a remarqué MM. le Duc de Plaisance, le Comte de Plaisance, le Baron de Plaisance, le Comte Daru, le Général Bonnemains, le Général Meslin, Quenault député, le Recteur et les Inspecteurs de l'Académie, les Sous-Préfets d'Avranches et de Valognes et les autorités de Coutances.

Après la messe, un déjeûner a été offert par Mgr l'Evêque à M. le Ministre. Les musiques de la garde nationale et du collége se sont fait entendre pendant le repas.

A une heure et demie, M. le Ministre accompagné de

toutes les autorités de la ville et de l'Académie, est allé, sous l'escorte de la garde nationale, poser la première pierre de la Salle d'Asile. Avant de commencer la cérémonie, il a visité le bureau de secours attenant à la Salle d'Asile et a témoigné sa satisfaction aux Sœurs de Saint-Vincent-de-Paul, qui desservent cet établissement de bienfaisance. Il est revenu ensuite sur l'emplacement de la Salle d'Asile, où M. le Maire de Coutances a prononcé le discours suivant :

Messieurs,

« Les salles d'asile sont à la fois des monuments de bienfaisance et d'instruction élémentaire. Cette institution méritera à notre siècle la reconnaissance de la postérité. Grâce à elle, nos laborieux artisans pourront désormais se livrer avec sécurité à leurs pénibles travaux. La société s'est chargée de la tutelle de leurs enfants.

» Dans ces écoles propres à leur âge, ils retrouvent tous les soins de la tendresse maternelle ; ils s'instruisent de leurs devoirs par l'exemple, ils éclairent leur intelligence naissante par de faciles applications ; ils accroissent et perfectionnent leurs forces physiques par un salutaire exercice.

» Si nous avons tardé à doter d'une salle d'asile notre cité, pourvue d'ailleurs de tous les établissements d'instruction publique, c'était pour lui donner le concours si efficace du bureau de secours et de bienfaisance qui doit en assurer la prospérité et la durée.

» Une œuvre aussi digne de l'intérêt de tous les amis de l'enfance a excité une vive et universelle sympathie. Chacun s'est empressé de s'y associer. L'un de nos plus honorables citoyens, M. Quesnel-Canvaux, dont le nom restera cher à ses compatriotes, a fourni l'emplacement de la salle d'asile ;

M. l'abbé Fauchon y a consacré un legs de vingt mille francs. Enfin une première marque de votre munificence, M. le Ministre, est venue encourager nos efforts.

» Oui, Monsieur le Ministre, vous avez rendu de grands services à l'instruction publique ; mais l'histoire signalera, parmi vos créations les plus heureuses, l'établissement des salles d'asile dont vous avez largement doté le pays. Vous ne vous bornez pas à encourager par vos bienfaits celle que nous fondons. Aujourd'hui, vous venez en poser vous-même la première pierre, et vous acquerrez ainsi un double titre à la reconnaissance de nos concitoyens. »

M. le Ministre a présenté dans une réponse éloquente le tableau touchant des avantages qu'offrent les salles d'asile. Faisant allusion à la partie du discours de M. le Maire dans laquelle se touvaient rappelés les noms des personnes généreuses qui ont contribué à fonder la salle d'asile: « Sans doute, a-t-il dit, vous ferez graver sur les murs de ce monument les noms de ses généreux bienfaiteurs. » A ce moment M. le Maire lui a montré celui de M. Quesnel-Canvaux, inscrit à l'angle de la rue qui porte son nom. « Nous nous comprenons si bien, s'est écrié M. de Salvandy, que vous avez devancé ma pensée. » ([1])

M. Le Ministre a ensuite visité l'Ecole-Normale d'Institutrices dirigée par les Sœurs du Sacré-Cœur : il a été, comme tous les inspecteurs, enchanté de la bonne tenue des élèves et de l'excellente direction des études.

Les spectacles que devait éclairer cette journée allaient

(1) M. et Mme Quesnel-Canvaux ont donné, à la Ville, par acte entrevifs, une maison importante, où est établi le Bureau de Secours. Une partie de la cour et du jardin de cette maison sert d'emplacement à la Salle d'Asile. M. l'abbé Fauchon a donné une somme de 20,000 fr., pour être employée à une œuvre de bienfaisance à la désignation de Mgr l'Evêque de Coutances. Monseigneur, qui est un partisan zélé de l'œuvre des Salles d'Asie, a désigné celle de Coutances pour recueillir les fruits de la libéralité de M. l'abbé Fauchon.

encore s'agrandir : l'heure appelait enfin cette solennelle Inauguration , objet des vœux publics , plus d'une fois ajournée par des retards involontaires. Le soleil, couvert le matin de nuages menaçants, projetait de brillants rayons sur le voile qui dérobait encore aux regards cette Statue que chacun était impatient de voir. Une foule immense remplissait la place et les alentours. M. le Ministre est entré dans l'enceinte qui environne le piédestal , et sur l'invitation de M. le Maire a fait tomber le voile.

Chacun en voyant la noble attitude de Le Brun , sa pose grave, la sérénité de son visage , la bonté et la bienveillance empreintes sur sa physionomie , s'est écrié avec M. le Ministre : Voilà l'image d'un honnête homme !

Le bruit du canon , le son des cloches , les accords de la musique , les acclamations de la population intelligente qui se pressait autour du monument , tout remplissait les cœurs d'une émotion profonde et sympathique.

Alors M. Quenault , Maire de Coutances , s'est placé à la droite de la Statue et a prononcé les paroles suivantes :

Messieurs,

« Notre ville et notre arrondissement ont donné des hommes de premier ordre à l'Etat , à l'armée , aux sciences et aux lettres. Plusieurs sont sculptés en marbre ou coulés en bronze , dans le Panthéon ouvert par notre illustre Souverain à toutes les gloires nationales. Mais nous devions la première statue sur les places de notre cité , à celui dont la gloire pure de toute ambition et de toute intrigue n'a coûté de larmes ni de sang à personne. Agir et non paraître , telle fut la devise de l'homme de bien auquel nous décernons cet éclatant hommage.

» S'il pouvait revivre pour en être témoin , sa modestie s'en étonnerait comme dans sa vie elle s'étonna des honneurs qui sont venus le chercher, sans qu'il les ait prévus ou brigués.

» Charles-François Le Brun a fait ses premières études au collège de Coutances , dont la prospérité fait depuis plus de trois siècles l'honneur de notre cité ; il les termina de la manière la plus brillante au collège des Grassins à Paris. Des succès non moins éclatants dans l'étude du droit lui firent obtenir dans les affaires publiques un poste modeste mais important , où ses éminentes qualités d'écrivain et de publiciste lui acquirent de bonne heure une grande réputation. Il le quitta en 1774 , et se retira dans sa terre de Grillon , près de Dourdan.

» C'est alors que Le Brun se livra avec ardeur aux études qui lui avaient valu ses premiers succès , à celles des lettres ; il publia sous le voile de l'anonyme son élégante traduction de la Jérusalem délivrée , précédée d'une préface si remarquable par le style que le public attribua la préface et la traduction à l'écrivain le plus éloquent de ce siècle , à Jean-Jacques Rousseau. Car , si Le Brun avait caché son nom , il n'avait pas caché son talent. Ainsi le pays qui avait vu naître les héros du Tasse , a donné le jour à l'écrivain qui devait en célébrer les exploits dans leur langue maternelle.

» Le Brun vécut retiré dans sa terre de Grillon jusqu'en 1789 , époque où il fut enlevé à sa retraite par les électeurs de Dourdan, qui le nommèrent député aux États-Généraux.

» Au moment ou parut la fameuse brochure : *Qu'est-ce que le tiers*, il publia un écrit politique que sa modestie fit retirer de la publicité devant l'éclat retentissant de la brochure de Sieyes. L'écrit de Le Brun contenait ce singulier passage :

« Bientôt s'élevera un homme audacieux, déterminé, qui,
» sur les débris de vos anciennes formes, établira une cons-
» titution nouvelle. Le vœu général remettra dans ses mains
» toute la puissance publique. Alors sera établi un despo-
» tisme légal et nos fers à tous seront rivés au tronc même
» de la constitution. » — Quand 25 ans après on relut
ces étonnantes paroles, on prit Le Brun pour un prophète,
mais nous, qui connaissons son génie, nous n'y voyons
qu'une preuve de sa profondeur.

» Les révolutions sont des crises de l'humanité gouvernées
par la logique inexorable des partis. Le philosophe et l'homme d'état peuvent en prévoir les phases et les résultats. Ce
sont des maladies du corps social qui, comme celles du
corps humain, ont leur marche fatale, inévitable, mais
dans lesquelles, comme dans notre patrie, quelquefois il
se régénère.

» Souvent Le Brun donna dans l'Assemblée Constituante
des preuves de sa haute capacité; il prit part à toutes les
mesures financières; il en fut presque toujours le rapporteur.
« Ses travaux, a dit Chénier dans son Tableau de la littérature française, ont honoré l'Assemblée Constituante; on y
trouve l'empreinte d'un talent exercé de bonne heure et
nourri de connaissances profondes sur tout ce qui tient aux
finances. »

» Nommé administrateur du département de Seine-et-Oise,
il sut par sa modération et sa fermeté y maintenir le bon
ordre et la stricte exécution des lois.

» Quand Le Brun entendit, dans la journée du dix août,
gronder l'orage qui devait bientôt éclater par la chute de
la monarchie et le règne de la terreur, il se retira des affaires
publiques. Un homme vertueux et modéré ne pouvait devenir le complaisant de Robespierre. Il n'y avait pas de place

pour Le Brun dans le gouvernement des clubs et de l'échafaud.

» Il ne fut pas si bien caché dans sa retraite qu'il pût échapper à la fureur des partis, il fut incarcéré comme aristocrate. Oublié dans cette barbare moisson des intelligences qui abattit André Chénier et Lavoisier, ces maîtres de la littérature et de la science, il sortit des prisons après le neuf thermidor pour rentrer dans ses fonctions d'administrateur du département de Seine-et-Oise.

» Elu député en l'an 4 au Conseil des Anciens, il y prit comme dans l'Assemblée Constituante une grande part à l'administration des finances. Il fut plusieurs fois secrétaire et une fois président de cette Assemblée.

» Le Brun avait deviné Napoléon : il lui fut donné de le comprendre et de partager ses travaux dans les jours les plus brillants de sa glorieuse épopée. Il fut nommé troisième Consul après le 18 brumaire. Si, dans ce Triumvirat, Napoléon eut la mission de tenir l'épée, Le Brun eut celle de tenir la plume. C'est lui qui rédigea presque toutes les proclamations si pleines de modération et de convenance qui apportèrent le pardon et la paix aux partis vaincus.

» Il fut nommé Architrésorier en 1804.

» Fidèle à ses habitudes de modestie, il n'accepta dans la réorganisation de l'Institut que le titre de membre de l'Académie des inscriptions et belles-lettres, lorsque ses brillans succès d'écrivain auraient pu, auraient dû même, lui ouvrir les portes de l'Académie française.

» Dans le gouvernement de Gênes dont il se chargea en 1805, et dans celui de la Hollande dont il fut revêtu en 1810, il donna de nouvelles preuves de sa haute capacité administrative. Les peuples bénissent encore sa mémoire. Sa bonté, son affabilité lui firent en Hollande donner le surnom de *bon Statouder*, et quand, en 1815, les événèmens de la guerre le forcèrent à se retirer, il reçut partout sur son passage des marques de bienveillance et de respect. Pendant les cent jours, il accepta les fonctions de Grand-Maître de l'Université, qui le rappelaient à ses premières et plus chères études, celles de la littérature ; elles charmèrent singulièrement sa vieillesse.

» De tous les emplois dont Le Brun a été revêtu, il n'en est pas un, Monsieur le Ministre, qui ait eu plus de prix pour ses concitoyens, puisque c'est à celui-là qu'ils doivent aujourd'hui l'honneur de votre présence à cette solennité.

» Il eut peu de temps le bonheur de pouvoir s'y rendre utile, mais il le mit à profit avec une activité bien supérieure à son âge.

» Comme vous, il voulut voir et connaître par lui-même. Il visita avec soin tous les lycées de Paris, et les élèves qui l'y ont vu se rappellent encore sa bonté et le charme de son instructive conversation.

» Plus heureux que lui, Monsieur le Ministre, vous avez réalisé bien des améliorations qu'il n'a pu que concevoir ; vous avez fait de bien grandes et de bien utiles créations, vous avez donné bien des encouragements à l'instruction publique en France.

» L'arrondissement et la ville de Coutances ont eu une large part dans vos bienfaits. Je suis heureux de saisir cette occasion solennelle pour vous en remercier publiquement en leur nom.

» A la chambre des Pairs, où Le Brun siégea depuis 1819 jusqu'à sa mort, il retrouva toute la vigueur de son talent, et ses quatre-vingts ans ne ralentirent ni son zèle, ni son activité.

» Telle fut la vie de cet homme si simple et si éminent, qui a traversé la révolution sans avoir eu à se reprocher aucun excès, qui a été exempt de vanité comme d'ambition, que -les honneurs sont toujours venus chercher, qui a passé dans ce monde en faisant plus de bien que de bruit. Lui-même prescrivait pour son éloge cette simplicité qui semble avoir été, au sein des grandeurs même, le caractère distinctif de sa vie publique et privée. J'ai employé, disait-il à M. Barbé-Marbois, ma vie à faire le bien qui a été en mon pouvoir, et j'ai, autant qu'il a dépendu de moi, empêché le mal, quelquefois même aux dépens de mon propre repos.

» Homme de bien, ton image, due au ciseau d'un grand artiste,(1) vivra aussi long-temps que ce bronze et ce granit. Toi, tu vivras toujours dans la mémoire des populations qui ont béni ton administration; tu vivras dans tes immortels écrits! tu vivras dans les institutions financières que tu as fondées; tu vivras dans tes descendants qui ont pris au sérieux l'héritage de gloire que tu leur as laissé, qui, pendant que tu organisais l'empire, le défendaient et l'illustraient aux côtés de son chef, sur les champs de bataille, et qui, dans les plus hautes fonctions de l'Etat et de l'armée, tiennent aujourd'hui encore un rang digne de ton nom. Vive le Roi! »

M. le Maire de St-Sauveur-Lendelin a ensuite pris la parole en ces termes :

Monsieur le Ministre,

Messieurs,

» Il appartenait sans doute au digne Maire de la cité qui

---

(1) La statue a été modelée par le célèbre M. Etex. Elle est sortie de la fonderie de M. De St-Denis. Le piédestal est dû à M. Douësnard, architecte du département, qui en a donné les dessins et surveillé le travail. — La statue est en bronze et le piédestal en granit.

possédera la Statue de Charles-François Le Brun, duc de Plaisance, de faire entendre l'éloge de ce vieillard illustre dans la postérité sous le triple titre d'homme d'état, d'homme de lettres et d'homme de bien.

» Mais, dans ce jour solennel, la commune qui fut son berceau, et que protégera son souvenir, ne pouvait sans ingratitude se réduire au silence; tous les compatriotes de Le Brun viennent donc par ma voix offrir à sa mémoire le juste tribut de leur respect et de leur reconnaissance ; ce sont les fils de ceux qui furent ses contemporains, qui lui apportent un hommage qu'il accueillit toujours pendant sa vie, mais que la pompe de cette Inauguration rend encore plus religieux et plus touchant.

» Habitants de St-Sauveur-Lendelin, s'il en est qui lui ont survécu jusqu'à ce jour, vous savez quelle affection Le Brun vous portait : son accueil indulgent tempéra toujours pour vous l'éclat des dignités et du pouvoir: ni vos noms, ni vos traits ne s'étaient oubliés par une absence de tant d'années, ils lui rappelaient son enfance et les vertus patriarchales d'une famille entourée de l'affection de nos pères.

» Le Duc de Plaisance, dont nous inaugurons la Statue, fut lui-même un modèle de ces mœurs modestes et pures dont l'alliance avec les grands emplois nous offre un exemple qui manque trop souvent à la vie des hommes célèbres.

» Oui, Messieurs, l'histoire dira que le troisième Consul de la République, l'Architrésorier de l'Empire, rendit son palais le sanctuaire auguste de l'austère intégrité et de toutes les vertus privées.

» C'est à des hommes plus instruits que moi qu'il était réservé d'apprécier ses titres littéraires.

» Mais, interprète de la reconnaissance de mes adminis-
trés, je crois exprimer leurs sentiments en m'adressant en
leur nom au sage dont le front respire encore sur le
bronze la bienveillance et la sérénité. « Le Brun, sans tes
» travaux, sans tes ouvrages, sans cette longue et noble
» carrière que tu parcourus avec tant de dignité et de vraie
» grandeur, ta patrie ne serait pas citée, recommandée
» aux yeux de la France pour t'avoir donné le jour.

» Le voyageur ami des lettres, en passant par St-Sau-
» veur-Lendelin, dira : Ici naquit Le Brun.

» Oui, ton nom, ta mémoire honorée nous protégeront
» dans l'avenir. Déjà nous leur devons la présence et
» peut-être un jour les encouragements d'un Ministre, ton
» digne émule dans la république des lettres et dans le
» gouvernement de l'Université. Nous leur devons le bon-
» heur de voir au milieu de nous ta respectable famille,
» si chère à tous les habitants de St-Sauveur-Lendelin;
» tous tes enfants, tous tes petits-enfants ont, dans des
» sentiers différents, mais également honorables, acquis
» des titres publics à l'estime de la France; toujours ils
» seront dignes de toi, comme toi ils chériront la com-
» mune qui te vit naître, et toujours la commune de St-
» Sauveur-Lendelin sera heureuse de leur manifester son
» dévouement: nous n'oublierons jamais que, si notre com-
» mune peut ouvrir à nos enfants des écoles primaires,
» tu sus ériger à tes frais les bâtiments qui servent d'asile
» à l'enfance, et de logement à ses maîtres.

» Si notre fortune inégale à nos vœux ne nous a pas
» permis d'avoir ta Statue, du moins, et ton digne fils
» nous en a fait la promesse, ton image habitera au milieu
» de nous; conservée avec vénération dans la salle du
» conseil municipal, elle en deviendra le plus bel orne-

PLACE LEBRUN.

» ment ; en la contemplant, nous nous sentirons pénétrés,
» pleins d'un nouveau zèle pour nos devoirs , d'admiration
» pour tes talents, de respect pour tes vertus. »

M. le Ministre a ensuite prononcé le discours suivant :

Messieurs,

« Heureuses les cités, qui voulant consacrer sur leurs
places publiques la mémoire des grands citoyens, n'ont
que le choix entre leurs enfans illustres! Vous pouviez
choisir Tourville ; vous avez préféré le prince Le Brun.
Vous avez eu raison. La gloire guerrière aura son tour.
Dans notre France, elle ne risque jamais de ne pas l'avoir.
Il était bien d'honorer d'abord la gloire civile , et celle-là
surtout qui représente tout ce que la France a pensé, a
voulu , a conquis pendant les soixante années du laborieux
enfantement de notre nouvel ordre social et politique !

» Si quelque chose était nécessaire pour nous défendre aux yeux de l'étranger contre notre empressement
à nous méconnaître et à nous calomnier nous - mêmes , rien ne saurait mieux attester les directions mo-
rales du temps où nous sommes , que de voir l'ardeur
des populations à rechercher leurs Grands Hommes, et à les
honorer , par de vivantes images, d'un bout du royaume
à l'autre. Sur nos places publiques s'est levé, par les soins
religieux de la génération présente, tout un peuple de
statues, toute une armée de serviteurs illustres de l'Etat,
immortalisés par la paix, par la guerre , par les sciences,
par les lettres, par les arts ; et l'aspect de tous ces représentants glorieux de tous les âges de la patrie laisse les

3

nations qui nous entourent incertaines de ce qu'elles doivent le plus admirer, ou d'un passé si fécond en grands hommes, ou d'un présent animé d'une si patriotique piété pour la mémoire des ancêtres, d'un si généreux enthousiasme pour les grands services et les grandes vertus. (Profonde sensation.)

» Il était bien que ce spectacle fût donné dans un temps où les lettres, démentant les nobles instincts d'un grand peuple et leur propre mission parmi les hommes, se sont mises, depuis dix-sept années, par la plus étrange corruption des arts, de la pensée, à dresser, dans tant d'écrits, des statues à tous ces hommes de détestable mémoire contre lesquels se soulève la conscience publique. Que la polémique, que l'histoire, puisque nous sommes condamnés à les voir ainsi abjurer la vraie vocation des lettres, se plaisent à ces caprices solitaires : qu'elles encensent ce que la voix du genre humain a flétri, qu'elles célèbrent ce que le cri de la France et celui du monde entier condamnent, jamais on ne verra le marbre et l'airain s'associer à ces idolâtries insensées ! Jamais on ne verra se dresser au milieu de nos cités les images des hommes qui les ont ensanglantées, de ceux qui semblèrent s'attacher à déshonorer la révolution par leurs crimes autant que nos soldats la glorifiaient par leurs travaux ! Ce n'est pas au pied de tels monuments que l'on verra le peuple de France se serrer avec cet enthousiasme de la foule qui nous entoure, s'incliner avec ce religieux respect ! Ce qu'il faut à de tels empressements, ce sont de nobles et pures renommées ; c'est le souvenir du bien fait aux hommes ; c'est la gloire acquise en servant la patrie au lieu de la déchirer, en frayant à nos Généraux les sentiers de la victoire au lieu de frapper du fer des bourreaux ceux qu'épargnait le fer de l'ennemi, en fondant l'ordre et les lois au lieu d'introniser la terreur et l'anarchie. (Applaudissements unanimes.)

» Sous ce rapport , nulle image ne convenait mieux aux hommages publics que celle qu'il vous a été donné de dresser au milieu de vous. Elle représente soixante ans , et plus , de vertus civiques et de travaux utiles , les travaux et les vertus les plus conformes aux besoins de notre pays et de notre temps : une vie méditative et active tout ensemble , mêlée à toutes les grandes choses et sans reproches , la préoccupation et la poursuite du bien public sous tous les régimes , la modération dans toutes les tempêtes , la probité dans toutes les fortunes , une probité exemplaire , celle qui brille dans la prospérité comme dans les revers et le péril , dans la retraite comme au faîte des honneurs , et qui fit si bien oublier ces honneurs , si grands et si extraordinaires qu'ils aient été , que ce qui domine , dans le souvenir de cette vie si brillante , chez les contemporains et pour la postérité , c'est le pur éclat et le renom de la vertu.

» Messieurs , la vie du prince Le Brun , duc de Plaisance , a cela de remarquable , et de satisfaisant pour ceux qui la méditent , que les simples et fermes qualités de son âme sont précisément ce qui a fait toutes ses grandeurs. Il est juste qu'elles aient effacé , dans la pensée publique , la mémoire de ses dignités et de sa puissance ; car , pour l'honneur de son temps et pour la leçon du nôtre , on peut dire , avec vérité , que sa fortune fut l'ouvrage de sa probité.

» Cette vie , qui s'est prolongée un siècle presque entier , doit se distinguer en trois périodes , l'ancien régime , la révolution , l'ordre nouveau.

» L'ancien régime fut le plus long des trois , et peut-être le plus digne d'études.

» Monsieur Le Brun , ce qui nous reste de ses travaux

administratifs et politiques l'atteste , était né avec un grand esprit. Il joignait à une intelligence vive et littéraire un de ces bons sens méditatifs et profonds qui caractérisent les grands hommes publics. Il était supérieur par la raison et par la pensée ; il le serait devenu par l'étude et le savoir , s'il ne l'avait pas été par les dons de l'intelligence ; il était destiné à se montrer tel par la conduite des affaires et dans le gouvernement de l'Etat. Et , cependant , avec la médiocrité de sa naissance et de sa fortune , dans le régime où Dieu le faisait naître , les grandes situations et les grandes affaires lui étaient interdites. Il ne pouvait pas arriver à siéger dans les conseils du prince. Il ne pouvait pas porter la simarre du chancelier de France. Les emplois subordonnés qui viendraient le chercher , n'étaient capables ni d'employer ses forces , ni même de les révéler. Que fit-il ? Se révolta-t-il contre ces barrières , en usant de la liberté d'écrire , déjà reconnue et acceptée , pour insulter et détruire l'ordre social qui lui faisait obstacle ? Non ! il attendit , sans savoir qu'il attendait. Il se mit à étudier profondément cet ordre social hostile qui s'affaissait de toutes parts. Il voua trente années de sa vie , c'est-à-dire , toute une vie d'homme , toute la carrière d'un autre que lui , à l'examen des intérêts de cette patrie qu'il semblait ne devoir jamais régir , à la recherche des éléments de cette science politique qu'il semblait ne devoir jamais appliquer.

» Les lois positives , les principes généraux et supérieurs des lois , les institutions administratives de la France , celles des grands peuples civilisés , les finances , en particulier , et l'économie politique , enfin le droit public de l'Europe , telles furent les préoccupations infatigables de l'homme de bien qui se donnait l'étude pour carrière , en se donnant pour délassement cette noble distraction des belles intelligences , les lettres , cultivées à la manière des Bénédictins dans les loisirs d'une vie calme et libre , les lettres épuisées dans les jouissances qu'elles peuvent offrir par la recherche et la familiarité de tous les secrets du génie antique et de tous ceux de l'art moderne. Et, sur ces goûts élevés et purs, sur cet attrait pour le beau et le bon, qui lui faisait étudier avec amour et traduire avec éclat Homère, Virgile, le Tasse, planait toujours la méditation de tous les vices des institutions de la France, de tous les besoins du siècle qui avait commencé à Montesquieu et qui arrivait à Rousseau, de toutes les réformes profondes qu'appelait l'ordre social, de toutes les créations sur lesquelles l'ordre politique devait s'asseoir un jour ! Il ne se contentait pas d'apprendre dans les livres, de combiner dans les spéculations de sa pensée, la politique nécessaire à l'ère nouvelle : voulant s'entourer des lumières des peuples chez qui la révolution était faite déjà, et dont le droit public était cité pour modèle, il allait étudier les gouvernements libres au sein de la Hollande, ne se doutant pas qu'il devait la gouverner un jour ; il allait voir à l'œuvre, en Angleterre, la monarchie constitutionnelle, cette noble attente de Montesquieu et de tous les grands esprits. Il revenait muni de ses provisions de l'expérience et de la méditation, dont il ne prévoyait point l'emploi, et, après avoir été mêlé un moment aux tentatives de réformes de l'ancien régime sur lui-même, du temps du chancelier Maupou, et y avoir déployé une rare fermeté de raison et de courage, il trouvait tout simple de s'enfermer silencieusement, pendant quinze années de sa vie, dans sa famille, aux champs, loin du bruit et des regards, dans une retraite, dans une obscurité, dans une étude profondes.

» Je suis certain, Messieurs, que vous commencez à comprendre sa destinée. Vous savez déjà que ce sage était digne de participer au gouvernement des hommes, que ce solitaire en était capable, que cet homme sans ambition et sans rôle était admirablement armé pour tous les rôles et pour toutes les fortunes.

» Il avait cinquante ans quand une nouvelle face des affaires et de sa vie apparut. La révolution éclata. Elle était jeune, il ne l'était déjà plus. En voulant tout ce qu'elle voulait, en ayant voulu un ordre de choses nouveau longtemps avant la France (ses trop rares travaux l'attèstent), il ne devait pas le vouloir comme elle. Il était d'accord avec elle sur le point de départ et sur le but ; mais les passions de la route n'allaient ni à la maturité de sa raison ni à celle de ses années. La France, qui ne prétendait qu'à des réformes, allait se précipiter dans toutes les subversions. Elle voulait la royauté forte, mais tempérée par des institutions libres ; elle allait noyer la royauté dans le sang et toutes les libertés avec elle. Toutes les pensées de Le Brun commençaient et finissaient à la monarchie représentative, et c'était une de ces ames fortes chez qui les pensées sont des résolutions, une de ces ames modérées parce qu'elles sont fortes, que les orages, les passions, l'entraînement, la crainte, ne détournent pas du but, qui peuvent dans les temps d'anarchie se briser à l'échafaud, mais ne peuvent pas dévier.

» Cependant, malgré cette dissidence inévitable, la révolution vint le chercher dans son obscurité, pour l'appeler au grand jour de l'Assemblée Constituante.

» Dans le pays qu'il habitait, inconnu à tous, tous l'élurent. Pourquoi ? Quelles distinctions le désignaient à des suffrages qu'il ne briguait pas et que se disputaient toutes les illustrations de la France ? Une seule : la réputation du savoir unie à celle de la bonté. Car il y a une bonté des hommes supérieurs qui les révèle, à leur propre insu, à tout ce qui les approche ; on la sait alliée aux dons les plus solides du caractère et de l'esprit, et elle répand autour d'eux, en dépit des obstacles de leur inaction, l'affection et la popularité.

» C'est ainsi qu'il fut appelé naturellement, comme à sa place légitime et marquée d'avance, dans l'Assemblée qui prenait en main la restauration de la monarchie et en réalité la renovation de la France. Ainsi les barrières qu'élevait l'ancien régime, entre lui et le pouvoir, étaient tombées devant le siècle, devant la nécessité, devant une parole de Mirabeau, et les résolutions de tout un peuple ! Il va pouvoir percer et arriver à tout. Patience, son heure n'est pas encore venue. Elle viendra, quand il sera d'accord avec son pays, quand la France aura son expérience et sa sagesse, quand la révolution calmée ne voudra plus que ce qu'il a voulu. (Applaudissements.)

» Il n'y a pas eu d'assemblée politique plus éclatante dans l'histoire que celle de 1789 ; il n'y en a pas eu qui ait réuni à un tel degré toutes les illustrations, toutes les lumières, tous les talens d'une grande nation. Souveraine et absolue, il n'y en a pas eu qui ait réuni tant de générosité d'idées à tant de puissance. Mais voulant à la fois conserver le trône, et autour du trône tout fonder à nouveau, elle ne devait que détruire. (Applaudissements.) Si ce fut là le châtiment de ses hardiesses et de ses entraînemens, c'est la récompense de ses nobles passions et de ses grandes maximes, qu'elle a laissé après elle, vivants et immortels dans la mémoire des peuples, les principes sur lesquels devait un jour, au sein de notre France d'abord, et plus tard de proche en proche, sur toute la face du monde, s'édifier l'ordre nouveau.

» L'ordre ancien en réalité tomba devant l'Assemblée Constituante, plus que par elle : il n'existait déjà plus que de nom dans des formes épuisées, dans des abus insensés, dans des préjugés impossibles, dans des désordres subversifs. Le Brun qui avait mis la main hardiment à la réforme des parlemens et des finances par ses conseils et ses écrits, quelques années auparavant, n'aurait pas voulu de transition entre

abolir et fonder. La transition violente dans laquelle se pré-
cipitait le génie de la révolution dégradée bientôt jusqu'à
la démagogie, ne lui offrait aucun emploi de ses forces qui
allât à la dignité de son caractère, à la sagesse de ses idées.
Une fois encore, et toujours à son insu, il attendit, si réelle-
ment oublieux de lui-même qu'il n'était pas devenu impatient par les années. C'est la plus sûre marque de sa su-
périorité. Quelques témoignages de confiance éclatante que
lui donna l'assemblée, quelques rapports considérables
qu'elle lui demanda sur les grandes questions du temps, attes-
tèrent ce qu'il pourrait être dans des jours d'ordre et de
reconstruction. Ces jours étaient loin encore, et il le savait
mieux que personne, il mesurait dans toute sa profondeur
l'abyme qui en séparait la France. (Applaudissements).

» Dans l'exposé de sa vie, qu'une narration si rapide et
si ferme nous à tout à l'heure fait connaître, qui de vous
n'a été frappé de ces lignes prophétiques dans lesquelles sa
main traçait si long-temps à l'avance, trait pour trait,
comme si elle lui était déjà apparue, la plus grande image
de notre siècle et peut-être de tous les siècles. Il savait déjà
Napoléon à une époque où Napoléon s'ignorait lui-même.
(Vifs et nombreux applaudissements).

» L'officier inconnu d'Auxonne et de Valence cherchait
dans l'inquiétude perpétuelle de son esprit ses futures
destinées, sans en pénétrer le secret ; à cette époque tout
son travail était de débattre avec lui-même s'il se restitue-
rait à la Corse ou s'il se donnerait définitivement à la
France.

» Le Brun possédait ce secret des destinées impériales
qui manquait à Napoléon. Il savait que la monarchie
absolue, c'est là un de ses vices, est une mauvaise école
pour les nations qui veulent être libres ; que la France

de Louis XIV, et de Louis XV bien moins encore, n'était pas prête pour la monarchie constitutionnelle; qu'une nation enthousiaste et téméraire qui voulait tout réformer à la fois, ne saurait que tout renverser; qu'en déplaçant révolutionnairement le pouvoir, elle le porterait dans des régions où la violence est prise pour la force, le nivellement pour la liberté, les proscriptions pour la victoire, et que, d'excès en excès, d'épouvante en épouvante, cette vaillante nation en viendrait au jour où, mutilée, sanglante, effrayée d'elle-même, abjurant sa liberté mensongère comme on abjure les faux dieux, elle demanderait au ciel un tuteur pour la sauver de ses propres égaremens, et accepterait l'ordre, à tout prix, des mains du premier dictateur habile et heureux qui se chargerait de le lui donner. (Applaudissements.)

» On a vu, dans l'histoire, des peuples fournir des carrières éternelles de révolutions sans enfanter un homme. Ceux-là aussi demandaient à Dieu un tuteur; ils appelaient à grands cris un de ces génies qui arrêtent le char des révolutions, qui reconstituent, qui fondent. Le Brun savait, dès 1789, que ce génie extraordinaire et providentiel serait nécessaire, et qu'il ne manquerait pas. Car il savait que c'était la France qui devait l'appeler et l'enfanter. La seule chose qu'il ignorât, c'est la place qui l'attendait à ses côtés. (Applaudissements.)

» Savez-vous, Messieurs, pourquoi il avait ce don de prédire à coup sûr l'avenir? C'est qu'il était honnête homme! Aucune passion personnelle, aucune ambition, aucune peur n'obscurcissait les lumières de son bon sens. La modération invincible de son caractère conservait à sa raison toutes ses clartés. (Applaudissements.)

» C'est par les entraînements de l'ambition, ou des

autres passions personnelles, qu'on voit les hommes supérieurs, que nous verrons Napoléon lui-même, malgré les
conseils d'un rare génie, faire fausse route, et avec un
regard d'aigle courir aux abymes. Le Brun, qui ne prétendait rien pour lui-même, qui ne cherchait que le bien de
son pays et savait dans quelles voies on pouvait le trouver,
Le Brun avait mesuré avec tristesse, d'un œil ferme et
sûr, les orages qui nous éloigneraient du port; il avait
calculé avec vérité ce qu'il faudrait de force pour nous y
ramener.

» La terreur fit comme l'ancien régime : elle le rejeta aux
champs, dans sa retraite profonde. Seulement, elle ne l'y
laissa point en paix. Le peuple de son voisinage, ce peuple
partout ailleurs égaré parce qu'il ignorait et que par cela
même il ne devait pas gouverner, le défendit et sauva sa
tête. Puis, quand la tourmente se calma, quand la Convention dépossédée, malgré ses hardiesses pour s'imposer à
l'avenir, fit place à d'autres assemblées, à un autre régime,
alors Le Brun revint siéger dans le premier des Conseils,
celui des Anciens, institution qui convenait également à sa
raison et à son âge. Il avait près de 60 ans alors. La
France de 1789 était, comme lui, éprouvée, fatiguée,
désabusée : elle et lui maintenant pouvaient s'entendre.
Ils avaient désormais le même but et les mêmes voies.
La multitude, si déplorablement saisie du timon des
affaires, étonnée maintenant de ses crimes, de ses folies,
de ses misères, abdiquait. La force revenait aux classes
intermédiaires, et aux opinions modérées, qui seules pouvaient terminer la Révolution et la gouverner. (Applaudissements.)

» Le repos, l'ordre, la création des ressorts nécessaires
d'un gouvernement stable et régulier, et, par là, la pré-
paration lointaine, mais sûre, d'un régime politique meil--

leur, tout ce programme des cahiers de l'Assemblée Constituante était redevenu celui des Français de tous les rangs
et de tous les partis. La société nouvelle, affranchie du
joug d'une démagogie sanglante, avait en elle désormais
ce qu'il fallait de sagesse pour le réaliser. La constitution
de l'an III, qui était une ébauche de ce programme, un
essai des deux assemblées parallèles avec un pouvoir diri-
geant distinct des assemblées, était un premier degré pour
remonter de l'anarchie à l'ordre. Quelques hommes furent,
dans les deux Conseils des Anciens et des Cinq-Cents, les
interprètes éclairés et résolus du sentiment public. A travers
toutes les résistances, tous les périls, ils saisirent réelle-
ment le gouvernail, en présence et en dépit d'un gouvernement impuissant et méprisé : impuissant et méprisé parce
qu'il était contraint, par son origine et par sa nature, d'être
révolutionnaire encore, quand la France, ses Conseils et ses
armées ne l'étaient déjà plus. En vain La Reveillère-Lespaux
et les Barras trônaient au Luxembourg. Les Barbé-Marbois,
les Portalis, les Siméon, les Malleville, les Barthélemy, les
Camille Jordan, les Tronchet, les Mathieu Dumas, et tant
d'autres citoyens respectés, qui représentaient, par leurs opinions monarchiques et constitutionnelles, la raison publique,
si longtemps vaincue, et la royauté absente, régnaient dans
les Conseils. Le Brun était l'un d'entr'eux, plus âgé, plus
expérimenté, plus mûri par la méditation et l'étude qu'aucun autre ; la sagesse de ses ans, égale à celle de son caractère, le parfait accord de sa modération et de sa fermeté,
l'heureux mélange de son expérience et de son esprit pra-
tique, lui conciliaient l'une de ces autorités qui n'éclatent
point, qui ne font pas de bruit parce qu'elles n'y préten-
dent pas, mais qui se sentent, qui planent, et avec lesquelles tout le monde doit compter. Le temps de Mirabeau
était passé. On ne parlait plus, on agissait ; on avait assez
détruit, on préparait le sol pour bâtir.

» Cette époque , qui était déjà le Consulat moins le premier consul, où la France se gouvernait dans le sens de l'ordre, la plupart du temps malgré son gouvernement , n'eut pas de grands travaux où la main de votre illustre compatriote ne fût .marquée. Toutes les fois qu'il fallait lutter contre une réaction révolutionnaire avec courage , proposer des lois réparatrices avec sagesse , fonder des institutions tutélaires et prévoyantes avec maturité, l'expérience de Le Brun, sa pure renommée, sa rédaction éloquente et précise étaient invoquées.

» Voilà la seconde part de sa vie. La troisième commence, et elle n'a plus rien qui vous étonne. Ses trente années de repos sous l'ancien régime l'avaient bien préparé à son action réservée et salutaire au sein des assemblées directoriales. A son tour, cette action continue de cinq années l'avait mis au premier rang dans l'estime et la reconnaissance des gens de bien. Le jour devait venir, le jour était venu où ce premier rang s'appellerait le Consulat sous la République, en attendant de s'appeler l'une des grandes dignités impériales, sous l'empire. Les noms étaient changés : les choses ne l'étaient pas. L'homme surtout ne le fut point. Sa simplicité digne et sereine , au milieu de toutes les transformations et de toutes les grandeurs, attestait bien que ces dignités ajoutaient peu à sa vraie autorité , et n'enlevaient rien ni à sa modération ni à sa vertu.

» Nous entrons donc dans cette troisième époque des destinées de la France et de celles de Le Brun. Ceux d'entre vous qui ont beaucoup vécu , pourraient dire à la génération présente quel fut le tressaillement et la joie de la France quand ce cri s'éleva : Il est débarqué à Fréjus. Il est débarqué ! Qui? On ne le demandait pas. Tout le monde le savait. Ce cri voulait dire : le libérateur qu'attendait la France, et que l'Italie conquise et pacifiée, que l'Egypte étonnée et soumise, ont révélé au monde ; celui qui doit en finir avec les tyrannies de bas étage, les plus grossières et les plus sanglantes de toutes ; celui qui doit rendre la sécurité au foyer domestique, rétablir la liberté de la vie, de la pensée, des croyances, du bien-être, les premières des libertés humaines, cet homme prédestiné a franchi les mers ; il a vaincu les distances, les tempêtes et l'Angleterre ; il est au milieu de nous ; il vient se saisir du pouvoir souverain, comme un héritier se saisit de son héritage, et il nous apporte la sécurité, la réconciliation, la paix, tous les biens des nations civilisées, exilés depuis dix ans du milieu de nous ! (Vive sensation.)

» Jamais il ne s'était vu dans l'histoire qu'une nation de trente à quarante millions d'hommes se fût ainsi jetée dans les bras d'un homme, qu'elle lui eût ainsi livré la tutelle de ses destinées, qu'elle eût placé sur son génie et son épée tant d'espérances. C'est que jamais nation n'avait tant souffert ; jamais la liberté révolutionnaire n'avait tant prodigué à une génération son despotisme, ses fureurs, ses déraisons, ses crimes, ses exactions, ses indigences. (Applaudissements.)

» Mais les espérances de ce peuple confiant et docile, comment Napoléon les réalisera-t-il ! Il a su vaincre à Lodi, à Arcole et Rivoli, dicter la paix à Campo-Formio, éblouir aux Pyramides. Mais comment saura-t-il gouverner et constituer la révolution, fonder des lois, donner un corps d'institutions civiles, financières, ecclésiastiques, judiciaires, à cette société informe et violente, qui a fait table rase sur elle-même, au sein de laquelle rien n'est resté debout ? Il cherche dans les assemblées, à la tête des deux Conseils, des hommes qui puissent être les collaborateurs de sa mission souveraine : il en cherche qui puissent devenir ses collègues dans le Consulat.

» Il appelle, il veut Le Brun. Quel homme était plus désigné, à sa précoce sagesse, que celui qui venait d'exercer une autorité incontestée sur les Conseils, dans les cinq grandes et laborieuses années écoulées depuis la chute de la Convention ? Qui apportait plus que lui, à sa jeunesse, la consécration de l'expérience; à sa hardiesse, la consécration du savoir; à sa dictature, la consécration de la modération ? Cambacérès qui avait donné plus de gages à la révolution, dut, par cela même, primer Le Brun, et marcher, après Bonaparte, le second consul de la République. Le Brun, qui appartenait davantage à la France du 18 brumaire et du Consulat, à celle de toutes les restaurations sociales méditées par Napoléon ou préparées par la fortune, c'est-à-dire, à toutes les idées de trône et de charte qui étaient le vœu tacite du présent et le secret de l'avenir, Le Brun fut le troisième Consul. Et ainsi Napoléon, par ce premier acte, ce choix de deux hommes, réalise, dès le premier jour, le programme nécessaire et caché de son empire : satisfaire la révolution et la finir.

» Messieurs, le Consulat est, sans contestation aucune, la plus grande époque de la France nouvelle; elle est grande par le travail de reconstruction sociale qui caractérise cette ère admirable. Chaque soleil vit s'élever, sur le sol de la France étonnée, une création, une loi, une institution, et non pas de ces institutions éphémères que les gouvernements et les factions avaient multipliées sans repos depuis 1789. Non! c'était le granit prenant la place des sables mouvants; c'étaient des monuments immortels, des codes, des pouvoirs faisant corps désormais avec la France nouvelle, et par lesquels, après tant d'ennuis et de vicissitudes, nous subsistons encore aujourd'hui. C'était le Concordat, le Conseil-d'Etat, la Cour des Comptes, les Tribunaux, l'Administration communale, départementale, centrale, toutes ces choses si fortement conçues, si bien appropriées aux besoins de l'or-

dre nouveau et à son génie, qu'il a pu, depuis lors, sup-
porter les trois plus grandes épreuves, l'invasion, la restauration et les libertés de 1830, sans en être ébranlé.
(Applaudissements unanimes.)

» Messieurs, quelle fut la part du 3ᵉ Consul de la République dans cette transformation de la République en société
ordonnée et en gouvernement régulier ? Dans quelle mesure
Le Brun, chez qui souvent, au commencement surtout,
se tenaient les conseils intimes des Tuileries, contribua-t-il
à toutes ces réformes et à toutes ces institutions dont nous
trouvons le germe déposé dans ses écrits quarante années
auparavant ? Napoléon était un guerrier, un héros incomparable, qui comptait trente ans à peine, et il amnistie,
il concilie, il pacifie, il relève les autels, il fait des lois,
il fonde les finances, il institue une comptabilité inconnue
jusqu'à lui et que le monde entier nous enviera ; il crée
une administration ingénieuse et robuste, qui combine avec
un art incomparable et nouveau, les garanties de la liberté
civile et l'action du pouvoir souverain. Quelle sagesse lui
apprit tout cela ? Messieurs, si nous levons les yeux vers
cette image révérée, nous l'interrogerons en vain. Le Brun
n'a rien dit sur la part qui lui appartient dans l'œuvre
commune du Consulat. Il n'a pas fait comme cette foule
d'acteurs de nos drames historiques, qui, dans des mémoires posthumes, quand ils ont la patience d'attendre jusque-
là, se disputent entre eux le livre de l'histoire pour écrire
leur nom à tous les feuillets. Ils n'ont pas assisté à une bataille, qu'ils ne l'aient gagnée, à une révolution, qu'ils ne
l'aient faite, à une délibération, qu'ils ne l'aient gouvernée.
Le Brun avait beau jeu, avec tout ce que nous savons de ses
études et de ses travaux sur la jurisprudence, la comptabilité, l'administration, la politique, pour raconter qu'il
avait beaucoup fait. Il n'a rien raconté ; il n'a rien écrit ;

il n'a rien laissé après lui sur cette grande époque de son histoire et de la nôtre. Il a trouvé que sa part était assez belle d'avoir été Consul de la République française et le collègue de Napoléon dans le Consulat. (Applaudissements universels.)

» Il a eu raison. Mais Napoléon n'a pas fait comme lui. Il a parlé, il n'a dit qu'un mot, mais de ces mots comme il les savait trouver, qui répondent à tout. En repassant, sur le rocher de Sainte-Hélène, les souvenirs de cette époque de gloire : « J'étais bien jeune, dit-il. Télémaque avait besoin d'un tuteur, je pris Le Brun. » Maintenant, Messieurs, nous savons tout ce que nous voulions apprendre, et, je vous le demande, lequel de ces deux hommes devons-nous admirer davantage ? Celui-ci qui s'est tu, ou celui-là qui a parlé ?

» Messieurs, Napoléon rendit hommage aux services que la chose publique avait reçus en sa personne, le jour où, franchissant les dernières barrières, il parvint à l'Empire. En entourant de princes, à l'image de l'empire de Charlemagne, ce trône impérial qui écrasait de son poids les deux tiers de l'Europe, il fit prince le sage qui l'avait aidé à refaire la monarchie au sein de la France anarchique, de la Convention et du Directoire. Mais, soyons tranquilles : ces honneurs, ces pompes, qui égalaient un citoyen aux têtes couronnées de l'Europe vaincue, passeront sur ce grand esprit, si on peut s'exprimer ainsi, sans l'atteindre. Les mœurs patriarchales de Le Brun, ses fortes études, ses méditations prévoyantes, restent les mêmes au milieu de tous les changemens de sa fortune. Comme il avait prédit Napoléon au milieu des témérités de l'Assemblée Constituante, maintenant, devant les témérités impériales, sa ferme raison pressentait d'autres destinées ; sa main n'aidait pas

à poser une pierre de l'édifice qu'il ne sût bien que la mo=
narchie constitutionnelle et toutes ses libertés s'y appuieraient
un jour.

» Aussi, sur les marches du trône impérial, avait-il, devant
le maître de la France et du monde, la même attitude que
devant la révolution, quelques années auparavant. Il con-
seillait et ne flattait pas. Il n'avait pas la faveur, il avait l'estime. Sa situation à part dans le monde impérial et consulaire
est marquée par une lettre historique qui lui arriva de l'exil,
la plus belle que jamais prétendant ait écrite à un citoyen,
que jamais sujet ait reçue d'un prince qui devait être et qui
déjà s'appelait son roi. Et, en même temps, l'estime de Napoléon est attestée par des faits éclatants, par des lettres et
des missions dont lui seul fut honoré entre tous les dignitaires
de l'Empire, dont il fut honoré à deux reprises et qui l'occu-
pèrent pendant toute la durée du règne. Ces missions constatent que le travail du consulat l'avait fait reconnaître du
meilleur juge comme un de ces esprits fermes et pratiques,
qui ne sont pas seulement habiles et résolus au conseil, qui
sont également positifs et sûrs dans l'action. Napoléon s'est
souvent trompé immensément dans les choses, parce qu'il
était égaré par les fascinations de l'ambition et de l'orgueil.
Mais il jugeait admirablement les hommes. On l'a vu, sans
parler des gloires de la guerre, par les Molien, les Monta-
livet, les Daru et tant d'autres qui ont servi, depuis, avec
éclat, la monarchie constitutionnelle. C'est qu'il était aidé
à l'œuvre de ces choix par toutes les lumières de l'intérêt
personnel. Quand il voulait non plus vaincre un peuple,
mais l'attirer, le gouverner, l'enchaîner; quand il voulait
faire françaises, par le cœur et les lois, la Ligurie ou la
Hollande, il prenait l'illustre vieillard; il le nommait gouverneur-général de l'état réuni; il lui écrivait : « Mon cousin,
j'ai besoin de vous. » Il constituait la mission en disant : « *Vos
décisions auront l'autorité des lois.* » Et s'occupant de le

5

vaincre lui-même dans la simplicité de ses goûts et de ses mœurs, avant de vaincre les Hollandais ou les Gênois, il ajoutait : « Vous partirez sur le champ (pour Gênes ou Amsterdam), et vous voyagerez avec une suite de trois voitures au moins. » Napoléon ne faisait pas de tels présents à tous les peuples conquis ; il plaçait le prince Architrésorier de l'empire, là où il voulait à la fois faire comprendre, respecter et aimer la France. (Applaudissements.) .

» La vie politique du duc de Plaisance finit avec l'Empire. Dépouillé de ses dignités impériales, devenu Pair de France, simple citoyen, il n'était pas descendu, dans cette nouvelle phase de sa vie, plus qu'auparavant il n'était monté. Il était resté lui-même. Il y avait une majesté de sa personne et de sa vieillesse, qu'il ne pouvait pas abdiquer avec ses honneurs ; car ils ne la lui avaient pas donnée. C'était un sage qui savait les affaires et qui aimait son pays, qui avait assisté, comme un témoin étranger, au spectacle de sa propre fortune, regardant ses vicissitudes personnelles du même œil que celles de l'Etat ; mais en ayant pour lui-même un désintéressement qu'il n'avait pas pour son pays.

» La Providence avait mis auprès du renversement de nos grandeurs l'accomplissement des vœux du duc de Plaisance et de tous les Français. La monarchie représentative était venue. Elle était venue par ces voies inattendues, mais pénétrables aux grands esprits : la chute de l'empire, la fatigue et l'autorité des peuples, le besoin universel d'une royauté pacifique et d'institutions libérales, la domination, désormais incontestée, des classes éclairées. La liberté constitutionnelle, en s'établissant, avait donné raison aux législateurs de l'Empire : elle s'était appuyée aux créations impériales, comme à ses indispensables remparts. Encore combattue et menacée, cette conquête, objet d'une si

longue attente, fruit de si rudes travaux, était pour la
France la consolation de ses revers ; elle était pour le
Prince Le Brun la compensation de ses grandeurs. Ce
spectacle occupait et charmait sa vieillesse. Il avait 80 ans
passés quand la monarchie, dans un de ses jours de bonne
inspiration, le tira de sa retraite et de son silence, pour
l'appeler à la société royale des prisons, présidée par le
Dauphin de France. Ce fut le vieillard qui harangua le
prince. Ce n'était pas Télémaque et Mentor. C'était Nestor,
dont la voix ne devait pas être entendue. Dans un discours
sobre et ferme, où tout est admirable, l'expression et la
pensée, il traça un programme d'un règne libéral et
pacifique, tel que nos temps le veulent. C'était quelques
années avant 1830.

» Le programme était celui d'une ère qui devait être étran-
gère au prince par la fatalité des révolutions, au vieillard
par la loi des années. Mais il devait être réalisé, de point
en point, et pour ainsi dire, de parole en parole ; il com-
prenait le gouvernement représentatif ainsi qu'il est prati-
qué depuis 17 années, la liberté liée à la royauté par un
nœud fraternel, l'étendard de la paix arboré comme la loi
des nations civilisées, et la paix gouvernée de manière à
prodiguer le bien-être, l'instruction et la richesse au dedans,
l'influence et l'ascendant au dehors. Tels étaient, exprimés
dans le plus noble et le plus austère langage, les conseils
et les oracles de l'homme d'état octogénaire. Il se plaisait
à lire, dans un prochain avenir, cet accomplissement des
pensées de toute sa vie. Elles sont accomplies en effet. Le
règne présent les a réalisées. (Applaudissements universels.)

» Ma tâche serait terminée, si je pouvais oublier que celui
devant lequel vous vous inclinez, a un titre de plus à mes
hommages. Il y eut un jour dans sa vie, où le prince Architrésorier de l'empire ne dédaigna point de s'appeler Grand-

Maître de l'Université, et de descendre des marches du trône impérial pour s'asseoir à la place où je suis.

» L'Université est une des grandes créations de l'Empire; elle fait corps avec tout cet ensemble d'institutions civiles qui sont nécessaires à la puissance morale de la France, et à sa stabilité. Le jour où nous laisserions cette grande hiérarchie de l'enseignement se dissoudre, ou seulement se désunir, se décourager, s'affaiblir, les lumières et les mœurs publiques seraient également compromises parmi nous. Mais la soutenir, mais la faire accepter aux partis, mais la défendre dans l'intégrité et l'indépendance de sa constitution contre les réactions opposées, c'est une œuvre difficile autant que nécessaire.

» Cette forte magistrature du savoir et de l'enseignement a couru, depuis son origine, trois grands dangers : le premier, dans les cent-jours, quand les passions révolutionnaires prétendaient se saisir du pouvoir avec le bras et le nom de Napoléon, qui les avait autrefois vaincues; le second, au lendemain des cent-jours, dans la réaction contraire de 1815; le troisième, en 1830, et dans les années qui suivirent, quand le règne des théories, le goût du nivellement, l'illusion de la liberté menacèrent de reprendre et d'achever tout ensemble l'œuvre des idées anarchiques, des passions contre-révolutionnaires. Le duc de Plaisance sauva l'Université dans la première crise, comme M. Royer-Collard dans la seconde, comme le bon sens public dans la troisième. Ce fut pour la sauver que le duc de Plaisance accepta une mission qui allait du reste si bien à son amour généreux des lettres et à la dignité de ses années. Il défendit avec courage les intérêts qui reposaient sous sa garde, et ce ne fut pas un faible service, car la restauration, si elle avait trouvé l'Université abattue, ne l'aurait pas relevée. Sa vieillesse respectée abrita, contre tous les envahissements et tous les mauvais vouloirs, le sanctuaire des fortes études, des méthodes séculaires, des traditions nationales, des sentiments français.

» En relisant les rares travaux du duc de Plaisance qui nous ont été conservés, j'y ai trouvé, avec une profonde émotion, exposée comme je l'ai moi-même comprise, la mission qu'il n'eut malheureusement à remplir qu'un jour. Quant à moi, ayant eu aussi à me poser le redoutable problème de rechercher quel système d'éducation et quelle constitution de l'enseignement convenaient à la société française de nos jours, je ne trouvai d'autre solution que celle qui avait saisi ces deux grands esprits, dans des situations si différentes, le prince Le Brun, et M. Royer-Collard; c'est-à-dire, la pensée de Napoléon franchement acceptée, résolument maintenue, mais en y ajoutant, avec la même résolution et la même sincérité, un complément que ces deux hommes illustres ne connurent pas, et dont la charte de 1830 nous a heureusement imposé les glorieuses difficultés, ce complément, c'est la liberté. (Applaudissements universels.)

» Homme de bien, qui, du haut de ce piédestal élevé par le respect public, présidez à cette solennité, puissent vos paroles, que j'ai recueillies, en me guidant, me soutenir! Et fasse Dieu que l'Université, quelque jour, retrouve dans ses Grands-Maîtres, à la place du successeur trop faible qui vous invoque, des héritiers de vos exemples et de vos maximes, qui soient dignes comme vous de marcher à sa tête, par leurs vives lumières, par leurs fortes études et par leurs vertus, qui aient autorité sur les esprits dans sa nombreuse milice, et affermissent sa hiérarchie en la rendant de plus en plus salutaire à la société et chère à la famille. Ceux-là, Messieurs, sauront s'inspirer des pensées du grand serviteur de la France auquel vous avez dressé cette statue : et il aura ainsi la plus belle récompense des citoyens illustres, qui est de faire du bien même après eux. (Applaudissements.)

» Messieurs, une autre récompense lui était due, elle ne lui a pas manqué. Son esprit s'est perpétué dans les héritiers de son nom et de ses exemples. Un de ses fils a donné sa vie pour son pays sur les champs de bataille. Un autre, l'aîné de tous, et leur digne modèle, a pris part à tous les hauts faits de notre grande épopée guerrière : il recueillait le dernier souffle de Desaix à Marengo ; il a combattu aux côtés de Napoléon partout, et, couronné par lui de tous les honneurs de la guerre, il déploie, depuis 50 années, comme par héritage, dans nos assemblées politiques, toutes les vertus de la paix. Ses frères, ses neveux, ceux qui se sont alliés à sa maison, ont servi la cause de la monarchie constitutionnelle avec dévouement et courage, comme l'avait fait leur aïeul. En eux a brillé, héréditaire et invariable, à travers toutes les vicissitudes, cette patriotique et intrépide vertu de la modération, qui a été la gloire de ce grand citoyen, qui est le premier besoin des temps où nous sommes, que toute cette belle population, si bienveillante et si éclairée, a toujours recherchée dans ses représentants et ses magistrats, et qu'elle saura perpétuer dans les générations futures, puisqu'elle sait si bien l'honorer. » (Bravos universels et longtemps prolongés.)

Après le discours qu'on vient de lire M. le duc de Plaisance a prononcé les paroles suivantes :

Messieurs,

« De tous les honneurs qui peuvent être rendus à l'homme qui a bien servi son pays, l'un des plus grands, sans doute, est de placer, après sa mort, son image dans les lieux où il est né, où ont été développés les premiers germes de son intelligence, de ses vertus, et de l'y offrir, comme un objet de vénération, d'émulation pour la postérité. — Mais, tout grands que soient les honneurs, ne semblent-ils pas acquérir un nouveau prix, quand, après un quart de siècle bientôt écoulé, ils sont décernés par vous, Messieurs, habitans d'un pays qui ne le cède à aucun autre en talents, en gloire, en patriotismes, mais qui se distingue encore par cette sagesse calme et mesurée qui donne tant de poids à vos jugements !!!

» Dans celui, dont un ciseau habile a reproduit les traits, vous avez voulu honorer les lettres qu'il a aimées, et dont un brillant reflet se retrouve dans d'élégantes traductions, et dans ses différents écrits ; mais, vous avez voulu, surtout, honorer une longue vie, toujours utile, toujours restée pure au milieu des révolutions et des vicissitudes si diverses. Vous vous êtes rappelé ce que vous avez vu, ce qu'on vous a dit de lui ! Vous lui avez tenu compte de cette simplicité conservée dans les plus hautes positions, qui n'ôtait rien à sa dignité, et, peut-être, y ajoutait encore ! de cet accueil si bienveillant pour tous, si affectueux pour ceux qui avaient des droits à son estime. Je m'arrête, Messieurs; vous avez entendu ce qui a été dit par l'honorable Maire de cette ville, par celui de St-Sauveur-Lendelin ; vous avez aussi entendu les paroles prononcées par un Ministre dont la présence nous est d'autant plus précieuse, que nous avions la crainte d'en être privés. Que pourrais-je ajouter qui n'affaiblît l'impression produite par eux ? Il ne me reste plus qu'un devoir bien doux à remplir, celui de leur offrir, au nom de ma famille, l'expression de notre vive reconnaissance, de l'offrir au Gouvernement, au conseil-général de notre département, à son Préfet, à nos concitoyens pour leur généreux concours. En présence de sa population qui nous entoure, qui s'associe à cette fête, pourrions-nous oublier cette noble, cette antique cité de Coutances. dont nous recevons un accueil si bienveillant, si cordial ! Pourrions-nous oublier aussi que c'est elle qui, par l'organe de son premier magistrat, a manifesté, avant tous, son vœu pour l'érection de ce monument !

» A nous qui portons le nom de celui auquel il est consacré, il rappellera sans cesse les obligations, les devoirs que ce nom nous impose. Puissent ceux qui le porteront après nous s'en souvenir toujours ! Puissent-ils, par leur amour pour notre France, pour sa gloire, son indépendance, ses libertés, mériter qu'un jour vos fils disent d'eux : —Ils ne sont pas indignes de leur aïeul ! » (Applaudissements universels.)

M. Marie Dumesnil, ancien secrétaire du duc de Plaisance, a récité avec chaleur la pièce de vers suivante composée par lui pour la circonstance.

« Approchez, citoyens, contemplez son image !
Dans ce bronze éloquent l'art nous l'a ranimé....
Il palpite.... il revit.... c'est lui.... c'est le vrai sage!....
Nous qui l'avons connu, qui l'avons tant aimé,
Il nous semble le voir, lui parler et l'entendre!....
Hélas ! depuis vingt ans, il se faisait attendre....
Son ame avait des cieux enrichi le trésor....
Viens, noble et grand esprit, plane sur ta statue!!!
Modeste, tu voudrais te dérober encore
Aux yeux impatiens de la foule éperdue ;
Mais ton jour de triomphe éclate enfin pour nous :
Tu ne peux repousser le suffrage de tous....

» La vertu se complaît aux modestes foyers....

Il sortit de nos rangs pour monter près du trône;
Apportez-lui des fleurs, des palmes, des lauriers,
Peuple, il vous appartient de tresser sa couronne....

» Le souffle du pouvoir ne flétrit point son cœur;
Aigle, son œil voyait plus haut que cette terre....
Sa foi des passions sut fermer le cratère;
Où tant d'autres tombaient, il demeurait vainqueur.
Ses grandeurs n'ont jamais fait couler une larme,
Ni de la liberté déserté le drapeau;
Au sentier de l'honneur, noble et sacré flambeau,
Parmi tous les écueils, il marchait sans alarme.
Il avait de Sully la franche austérité,
Et du grand L'hôpital l'auguste probité,
Oh! comme à son insu, conquérant de la gloire,
Son nom s'empreint partout dans notre grande histoire,
Entouré de bienfaits, ceint de travaux féconds,
Du domaine des lois fertilisant le fonds!....

» L'arbre de sa puissance, aimable et doux ombrage,
Des enfants du pays abritait les talents,
Sa voix des jeunes cœurs soutenait les élans;
Seul, il était pour eux tout un aréopage.....
Dans un mot de sa bouche ils trouvaient un succès;
Il devançait leurs pas au chemin du progrès.....

» L'âge est le pur soleil qui mûrit la sagesse:
Qu'il gardait de vigueur dans sa verte vieillesse!
Qu'il versait de trésors en ses moindres discours!
Tel un fleuve à son terme accroît encor son cours.....

» Jeunes gens, vous l'espoir de l'heureuse Neustrie,
De son plus digne fils gardez long souvenir,
Marchez tous sur sa trace, illustrez la patrie,
Notre amour vous remet l'honneur de l'avenir.

6

» Le culte du génie enfante les grands hommes ;
Leur gloire, feu sacré qui fondrait le métal,
Transforme un grain de sable en lumineux cristal,
Et, nous transfigurant, nous apprend qui nous sommes. »

MARIE DUMESNIL.

La garde nationale de Coutances, celle de St-Sauveur-Lendelin, et la troupe de ligne ont ensuite défilé devant la Statue. Après cette brillante cérémonie, M. le Ministre, accompagné de M. le Recteur de l'académie et de M. le Maire, s'est rendu au Collége. M. le Principal, conduisant ses 190 pensionnaires, musique en tête, a reçu sur la terrasse le Grand-Maître de l'Université qui a été salué par une nouvelle sérénade. Le Ministre a adressé aux élèves réunis, une touchante allocution accueillie par des bravos et par des cris mille fois répétés de vive M. le Ministre.

Il a visité l'établissement en entier et a paru très-satisfait de l'ensemble des constructions et de leur belle exposition.

A cinq heures et demie, M. le Ministre est entré dans la salle du banquet qui lui a été offert ainsi qu'à la famille de Le Brun. Ce banquet, préparé dans un dortoir du Collége, réunissait plus de 300 convives. La salle avait été décorée avec un goût exquis ; entre chaque croisée se trouvait un médaillon dans lequel avait été inscrit le nom d'un homme illustre sorti soit de l'arrondissement, soit du collége de Coutances. Tous les siècles y avaient concouru depuis le onzième jusqu'au dix-neuvième. Les héros du Tasse étaient là auprès de son élégant traducteur. Les Tancrède et Le Brun y avaient leur place.

La marine, les sciences, les lettres, y avaient aussi de grands noms. L'amiral Tourville, le contre-amiral Lhermite,

les astronomes Legentil-de-Lagalaisière et Lalande , Saint-
Evremont , paraissaient en première ligne dans ce musée
des illustrations Coutançaises. Plusieurs toasts ont été
portés : le premier par M. Quenault , Maire de Coutances ,
en ces termes :

Au Roi ! a la Famille Royale !

« Puisse la patrie jouir long-temps encore des bienfaits
de sa sagesse et de son génie !

Puissent de longs jours être accordés à ses nobles enfants
qui , sur terre comme sur mer, soutiennent si glorieuse-
ment l'honneur de nos drapeaux ! »

Des cris unanimes de : Vive le Roi ! ont répondu à ces
paroles.

Le deuxième , par M. Quenault , député de Coutances :

A M. le Ministre !

« Je cède à un sentiment qui anime toutes les personnes
présentes à cette réunion et que partagent tous les habitans
de l'arrondissement de Coutances , en offrant à M. le Ministre
de l'Instruction publique l'expression de la reconnaissance
de tous pour l'honneur qu'il leur fait aujourd'hui , pour
cette manifestation touchante de l'intérêt qu'il porte à notre
pays , à ses établissemens , à la mémoire des hommes éminens qui en sont sortis. La solennité qui nous a rassemblés
en ce jour et qui reçoit tant d'éclat de sa présence a , pour
objet , d'honorer l'une de ces illustres mémoires , celle du
prince Le Brun. Simple et modeste dans toutes les situations,
même dans la plus haute , il semble qu'il ait voulu dérober sa
vie à la renommée. La main habile qui posait les bases de

l'ordre administratif , de la comptabilité financière, de l'é-
ducation publique , restait cachée et inaperçue : la France
ne voyait que les rayons de cette auréole de gloire qui
ceignait la tête du chef de l'Etat , et devant laquelle tout
autre mérite s'effaçait. La postérité vient à son tour rendre
à chacun sa juste part dans cette gloire qui demeurera toujours assez grande. Le pays qui a vu naître Le Brun et qui
aime à révendiquer parmi les familles qui lui appartiennent
celle qui soutient si dignement l'honneur de son nom , s'est
associé à la piété de ses fils pour lui élever un monument
destiné à perpétuer le souvenir de ses vertus et de ses talents. L'Etat, l'Administration , l'Université , les lettres,
en retour des services qu'ils ont reçus de lui , devaient aussi
leur tribut à sa mémoire. Vous les représentez ici , Monsieur
le Ministre, et l'époque actuelle ne pouvait choisir un plus
digne interprète pour célébrer l'un des hommes les plus
éminens de l'époque qui vient de finir. Le monument qui
lui est élevé rappellera , surtout , parmi tant de services
rendùs à l'Etat , sa participation au gouvernement consulaire , à cette œuvre de pacification intérieure et de réorganisation sociale, dans laquelle on retrouve l'empreinte de
sa haute raison , de son expérience et de sa modération.
Qui pouvait , Monsieur le Ministre , apprécier ces services
mieux que vous qui , sous les formes différentes d'un gouvernement plus libéral , prenez part à une œuvre de même
nature, à une politique d'ordre et de conciliation ? Quel autre que le Grand-Maître actuel de l'Université qui en a
le mieux compris et défendu les intérêts , pouvait apprécier à leur juste valeur les services que le prince Le
Brun a rendus , comme Grand - Maître , dans des temps
difficiles, aux intérêts universitaires? Il est un autre point
de rapprochement entre M. Le Brun et vous, qui n'a
échappé à personne. Pendant le cours d'une vie si occupée
par les affaires publiques, les lettres furent l'objet constant

de son culte, et cet esprit si exact et si sévère lorsqu'il
s'appliquait aux matières d'administration , se parait sans
effort de toutes les grâces, de toutes les couleurs de la poé-
sie , pour reproduire, dans notre langue, les brillantes
fictions d'Homère et du Tasse. Il sut ainsi, comme vous
l'avez su depuis, à la gloire de l'homme d'état, allier celle
de l'homme de lettres, et vous auriez pu nous expliquer
le secret de cette alliance, si chère aux nobles esprits, et
dont vous offrez un nouvel exemple. Vous avez préféré, et
vous avez eu raison, nous entretenir des vertus de M. Le Brun,
de ces vertus bénies même à l'étranger, que l'Empereur se
plaisait à montrer à Gênes, à la Hollande pour y faire aimer
la domination française. Vous avez préféré nous parler de
sa haute sagesse, de cette sagesse qui, formée et mûrie dans
une longue et patiente obscurité, se trouva prête au jour mar-
qué, au jour où Napoléon vint la chercher et la faire asseoir à
ses côtés pour terminer la révolution dont elle avait dès l'origine prophétisé la marche et la fin. Vous nous avez montré
dans toute sa vérité, dans sa simplicité, dans sa grandeur,
la noble image de M. Le Brun, et vous l'avez opposée à ces
images trompeuses, qu'un talent égaré a décorées de fausses
couleurs, mais qui, pareilles aux monumens de l'Egypte,
n'offrent à ceux qui les examinent de près que la mort et
le néant. Mais pourquoi chercher, à l'aide de souvenirs encore troublés par l'émotion, à rappeler par de faibles
paroles, ce qui a tantôt si vivement impressionné la population tout entière. Nous avons quelque chose de mieux à
faire, c'est de vous prier, au nom de tous ceux qui vous
ont entendu et dans l'intérêt de ceux qui n'ont pu vous
entendre, de permettre que l'impression reproduise et con-
serve les belles et utiles paroles que vous avez prononcées.

» Si la mémoire du prince Le Brun avait droit à l'hommage que vous êtes venu lui apporter, l'arrondissement de
Coutances a aussi, j'ose le dire, des titres à la sympathie

que lui témoigne aujourd'hui le Grand-Maître de l'Université. Aucun arrondissement n'a fait plus d'efforts et avec
plus de succès, pour la propagation et le perfectionnement
de l'instruction publique à tous ses degrés, et surtout de
l'éducation secondaire. Le soin d'enseigner la jeunesse s'est
ici conservé comme un antique et précieux dépôt, fidèlement
transmis de génération en génération. La renommée du
collége de Coutances date de plusieurs siècles, et vous voyez
inscrits autour de vous les noms des hommes célèbres qui
en sont sortis. A l'époque de 1789, le collége de Coutances
ne comptait pas moins de huit cents élèves. Placée plus
qu'aucune autre ville au centre de la circonscription départementale, et à une distance convenable des villes des autres
départemens qui possèdent des colléges, Coutances a toujours eu, par une destination naturelle, que la plus longue
possession à consacrée, le principal établissement d'éducation secondaire du département.

» Un acte de la Convention a déplacé le chef-lieu de l'administration départementale, que l'Assemblée Constituante
avait établi à Coutances. Mais ici se sont maintenus, par la
force de leur institution, le siége de l'autorité épiscopale et
celui de l'autorité judiciaire, si propres toutes deux à influer
sur la gravité des mœurs et des études. Ici s'est également
maintenu, par sa propre force, le principal collége du département. Un établissement de cette nature est celui qui
résisterait le plus à un déplacement, je ne dirai pas arbitraire,
je ne veux pas me servir de ce mot, je dirai, à une innova-
tion sans lien avec le passé. Transplanté violemment hors
du sol natal, il ne ferait que languir et tomber; car il a ses
racines dans la confiance des familles, qui ne se commande
pas par un décret, et la prospérité d'un établissement de ce
genre tient à un ensemble de convenances matérielles et mo-
rales, que les habitudes des populations constatent et indi-

quent aux gouvernements assez justes et assez habiles pour
les consulter et les ménager. Napoléon eut soin de placer ses
établissements judiciaires dans les localités où l'on était ac-
coutumé à voir et à respecter les anciens corps de magistrature. Pour la fixation du siége des établissements d'instruction publique, il importe encore plus de se rattacher au
passé, aux habitudes, aux faits permanents qui attestent le
vœu constant des familles, dont on ne peut contraindre la
liberté, et que l'on ne saurait contrarier sans péril pour les
établissements de l'Université.

» L'acte de la Convention qui a déplacé le chef-lieu de
l'autorité départementale, ne pouvait donc avoir et n'a eu
en effet aucune influence sur le sort des établissemens d'instruction secondaire. Il n'en a fait tomber, il n'en a fait
fleurir aucun. La prospérité du collége de Coutances s'est
soutenue et a continué de s'accroître. Elle a résisté à la plus
décisive des épreuves, à une épreuve que d'autres colléges
du département ont redoutée et se sont efforcés d'éloigner :
le voisinage d'un petit séminaire a été pour notre collége
une cause, non de ruine, mais d'émulation et de progrès.
Le collége de Coutances s'est maintenu jusqu'à ce jour au
premier rang des colléges du ressort de l'académie sous tous
les rapports. Il est même, parmi tous les colléges commu-
naux de France, au premier rang pour le nombre total des
élèves, et au cinquième pour le nombre des internes.

» Monsieur le Ministre, vous avez tenu compte de tous ces
faits, de ces résultats de l'expérience, de ces garanties que
le passé et le présent offrent pour l'avenir, lorsque, dans les
projets de loi de finances successivement présentés aux
Chambres, en 1846 et 1847, vous avez signalé la ville de
Coutances, et cette seule ville dans le département, comme
une de celles dans lesquelles il serait convenable de fonder
un collége royal. La ville de Coutances a compris qu'elle ne

devait s'arrêter devant aucun sacrifice pour remplir les conditions matérielles qu'exige une pareille destination. Rien ne lui a coûté, rien ne lui coûtera pour rendre ce collége digne à tous égards de son ancienne réputation et du titre nouveau qui lui est promis. La ville de Coutances se confie dans ces promesses, inscrites par vous-même dans les projets de loi présentés aux Chambres. Elle a pour elle la plus grande de toutes les autorités, la vôtre ; car c'est après avoir étudié et jugé tous les élémens de la question, que vous avez proposé aux Chambres l'établissement d'un collége royal à Coutances. Nous avons pleine confiance pour la réalisation de ce bienfait, dans votre bienveillante justice. »

Le troisième toast a été porté par M. le Ministre :

A LA VILLE DE COUTANCES !

M. le Ministre, dans cette dernière et patriotique allocution, a rendu un éclatant hommage aux célébrités Coutançaises, devenues des célébrités nationales, rappelées sur les inscriptions, qui faisaient l'un des principaux ornemens de la salle du banquet ; il a terminé cette chaleureuse improvisation par d'heureux rapprochements entre les conquêtes des héros Normands et les exploits des fils de notre Roi sur la terre d'Afrique.

Le quatrième, par M. le Sous-Préfet :

A LA FAMILLE DE PLAISANCE !

« Les descendants de Charles-François LEBRUN portent trop dignement le glorieux patrimoine qui leur a été légué, pour que le pays, qu'ils honorent à leur tour, ne les associe pas avec un noble orgueil aux souvenirs de reconnaissance, aux sentiments de respect et de dévoue-

COLLÈGE DE COUTANCES

Quesnel lith.

Imp. Lemercier à Paris

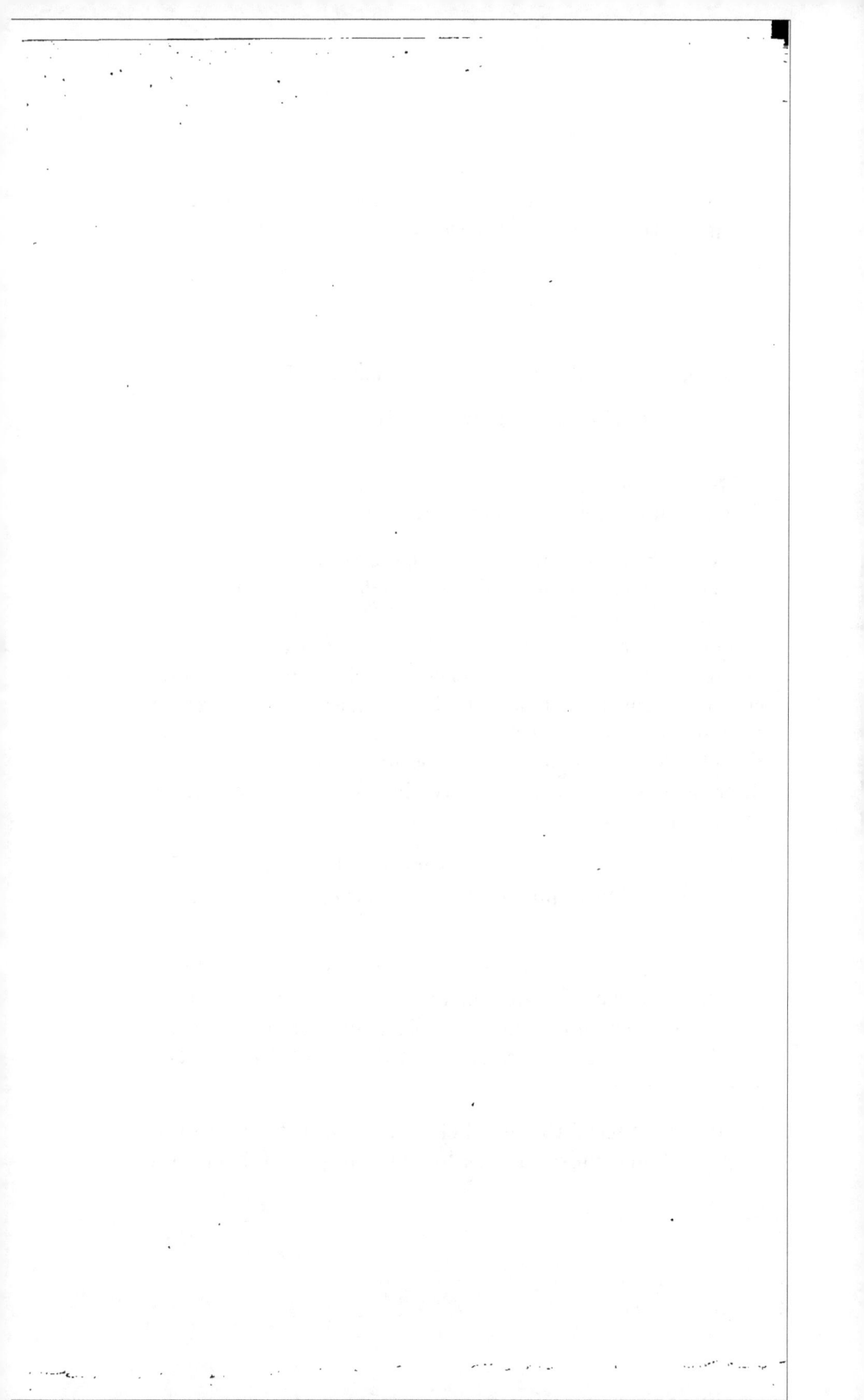

ment qu'il a voués à leur illustre chef et qui resteront, comme sa mémoire, impérissables au milieu de nous.

Messieurs, à la santé de nos hôtes, de nos compatriotes, à la santé de la famille de Plaisance.

Le cinquième, par M. le duc de Plaisance :

A L'ARRONDISSEMENT DE COUTANCES !

Le banquet, dans lequel a régné un ordre admirable, s'est terminé à huit heures et demie.

La garde nationale et la troupe de ligne s'étaient aussi réunies dans un banquet qui a eu lieu dans la halle aux blés, élégamment décorée par les soins de l'administration municipale. L'ordre le plus parfait n'a cessé d'y régner. Le banquet du collège s'étant prolongé plus long-temps que celui de la garde nationale, M. le Ministre a eu le regret de ne pouvoir s'y présenter, pour remercier la garde nationale de cet acte de sympathie ; il a chargé M. l'adjudant-major de transmettre à ce corps l'expression de sa reconnaissance et de ses regrets.

Un feu d'artifice a été tiré vers neuf heures ; les boulevarts, les édifices publics et les maisons particulières, étaient illuminés.

M. le Ministre est allé au spectacle, où il a été salué à son entrée par des bravos unanimes ; il a entendu une pièce de circonstance qui a réussi. A dix heures et demie, il est monté en voiture pour retourner à St-Lo, d'où il est parti le lendemain matin.

Ainsi s'est terminée cette belle fête, qui a tenu en éveil la population depuis 7 heures du matin jusqu'à 10 heures du

7

soir, et pendant laquelle, malgré l'affluence des specta-
teurs, on n'a eu à regretter ni un désordre, ni un accident;
elle restera dans le souvenir de tous, et, aussi, nous l'es-
pérons, dans le souvenir de M. le Ministre, comme un
témoignage de l'excellent esprit de nos populations.

Nous avons cru devoir faire suivre le récit qui précède,
de la biographie du prince Le Brun, qui vient d'être pu-
bliée par son fils le duc de Plaisance. Cette publication con-
tient sur la vie de cet homme illustre des particularités qui
n'étaient connues que des personnes qui ont vécu dans son
intimité, et que le public sera heureux d'apprendre.

BIOGRAPHIE DU PRINCE LE BRUN.

CHARLES-FRANÇOIS LE BRUN, duc de Plaisance, naquit à Saint-Sauveur-Lendelin, le 19 mars 1739, il termina
à Paris ses études commencées à Coutances : ce fut alors
que la lecture de l'*Esprit des Lois* développa en lui la disposition qui le portait vers l'étude du droit public et des gouvernements dans leurs diverses formes ; il voulut voir la
Hollande, l'Angleterre, et connaître l'influence que des
institutions libres avaient sur le bonheur et la prospérité des
nations ; après un séjour assez prolongé à Londres, il revint
à Paris avec des connaissances peu répandues à cette époque;
il ne savait encore quel emploi il en pourrait faire, lorsqu'un professeur en droit, alors célèbre, et dont il avait suivi les leçons, le présenta au magistrat qui, bientôt après en
1768, devint chancelier de France : ses débats avec les
parlements, leur exil, sont des faits assez connus ; mon
père dut à sa position modeste et surtout à son caractère
de n'être pas mêlé aux honteuses intrigues. Mais les discours du roi aux lits de justice, ceux du chancelier, qu'on
savait faits par lui, ses travaux importants sur l'organisation

de la justice, sur l'étude du Droit, sur la direction à donner
à l'éducation, lui avaient acquis une réputation qui le suivit
dans sa retraite qu'il prolongea plus par goût que par nécessité; depuis 1774 jusqu'en 1789, ce temps ne fut pas perdu
pour l'étude et le travail.

Les vertus privées de Louis XVI n'avaient pu réparer les
malheurs de la fin du règne de Louis XIV ; la licence des
mœurs qui suivit et dont Louis XV, dans les dernières années de sa vie, donna le funeste exemple, trop souvent imi-
té par les hautes classes de la société, aggrava le mal en
brisant par la déconsidération les anneaux de la hiérarchie sociale. La nation mécontente, les classes moyennes
humiliées eurent d'habiles écrivains pour interprètes. L'orage
se formait ! Le désordre des finances, une banqueroute
imminente, le firent éclater. Vainement les ministres qui
se succédèrent épuisèrent-ils tous les expédients, eurent-ils
recours à des assemblées provinciales, aux notables ; il fallut
subir les Etats-généraux, mon père y fut envoyé par le
baillage de Dourdan.

Il avait suivi avec attention la marche des événements,
la disposition des esprits. Pour une nation vive, passionnée,
sans expérience, il craignait les dangers d'une révolution ;
mais il aurait voulu que le souverain vînt avec franchise au
devant de ses désirs, de ses besoins ; que, par un appel au
clergé et à la noblesse, il obtint du patriotisme de ces deux
ordres qu'ils renonçassent à ceux de leurs priviléges qui ne
pouvaient se concilier avec les grands principes d'égalité
devant la loi et de répartition égale des charges de l'Etat.
Le clergé eût conservé ses biens, la noblesse ses titres,
ses droits honorifiques, les trois ordres auraient été repré-
sentés dans le parlement par des députés choisis par chacun
d'eux ; la liberté de conscience, le jugement par jurés
eussent été garantis. Il developpa et discuta l'utilité de cette
mesure et la possibilité de son exécution dans un écrit in-

titulé *La Voix du Citoyen* , qui parut quelques jours avant
l'ouverture des États-généraux. On y trouve cette chaleur
du style, résultat d'une profonde conviction et d'un ardent
patriotisme ; mais pour imposer des sacrifices aux uns, fixer
des limites aux exigences des autres , les réunir dans un
sentiment commun, l'intérêt général , il aurait fallu dans
celui qui gouvernait cette réunion d'habileté, de caractère
qui fait les grands rois, et qui manquait au faible Louis XVI.

Mon père laissa à des hommes plus jeunes, plus ardents
les discussions politiques qui s'agitèrent dans les États-généraux, devenus Assemblée Constituante; il ne parla que sur
la question des biens du clergé et sur le remboursement de
la dette exigible en assignats forcés ; il ne fut pas de l'avis
de la majorité. Nommé membre du comité des finances,
il en fut très-souvent le rapporteur. Avec de nouvelles institutions , tout était à changer dans l'assiette de l'impôt,
dans sa perception , dans la comptabilité. On apprécia ses
travaux , et ils le sont encore de ceux qui , par devoir ou
par curiosité, ont eu besoin de recourir aux documents de
cette époque.

Après l'Assemblée Constituante, nommé administrateur
du département de Seine-et-Oise, il en présida le directoire. Les directoires de département étaient investis en
grande partie des attributions maintenant dévolues aux
préfets. C'était sur le président que pesait particulièrement
la responsabilité. Ces fonctions difficiles sous un gouvernement nouveau lorsque toutes les passions s'agitaient , le
devinrent encore davantage dans le département de Seine-
et-Oise par la disette des grains ; des émeutes en furent la
suite et coûtèrent la vie au maire d'Etampes; il fallut recourir à des mesures sévères que mon père réclama en termes
énergiques à la barre de l'Assemblée législative ; elles pro-
duisirent leur effet ! mais celui qui les avait provoquées en
porta la peine. Le club de Versailles ne cessa de le dénoncer

comme un aristocrate et un partisan du despotisme. Il faisait face à l'orage, mais il sentait que bientôt, peut-être, ses collègues qui jusqu'alors lui avaient prêté un courageux concours, craindraient le contact d'un homme suspecté; il balançait encore à donner sa démission. Le 10 août fit cesser ses incertitudes.

Retiré dans sa terre de Grillon, près Dourdan, défendu par l'affection des habitants de cette petite ville, il leur dut quelques jours de tranquillité, mais bientôt leurs efforts devinrent inutiles; arrêté comme suspect, il fut emprisonné à Versailles; il allait dans deux jours être transféré à Paris, et traduit devant le tribunal révolutionnaire, lorsque le 9 thermidor, en mettant un terme à la terreur, le rendit à la liberté.

La constitution de l'an III créa un corps législatif composé de deux conseils, l'un des Cinq-Cents, l'autre des Anciens; nommé par le département de Seine-et-Oise, son âge le plaça dans le conseil des Anciens. Indépendamment des questions de finances dont il s'occupa spécialement, il porta à la tribune des opinions, des rapports sur des questions de diverses natures, monétaires, manufacturières, commerciales, où l'on retrouve avec cette hauteur de vues cette solidité de raisonnement dont il avait donné des preuves à l'Assemblée Constituante, des efforts toujours constants pour faire prévaloir cette vérité, que, pour les gouvernements, comme pour les particuliers, ce qui est juste, équitable, est en même temps le plus utile.

Ces mêmes principes, il les soutint en combattant un projet de loi voté par le Conseil des Cinq-Cents, dont le but était d'*admettre ou plutôt de contraindre les pères, mères et autres ascendants d'émigrés au partage immédiat avec l'Etat pour la portion qui revenait à des émigrés dans leur succession.* C'était une iniquité d'autant plus odieuse, qu'elle se déguisait sous le masque de l'intérêt pour ceux qu'elle frappait ; il trouva pour cette cause des paroles éloquentes et courageuses qui eurent alors du retentissement.

Cependant la paix, due aux brillants exploits du jeune vainqueur de l'Italie, avait été rompue, et pendant qu'il portait la guerre en Egypte, les Autrichiens, les Russes triomphaient sur cette terre naguère témoins de nos succès. Vainement à Zurich Masséna avait ramené la victoire sous nos drapaux : le désordre des finances paralysait tous nos efforts, et l'anarchie toujours croissante indiquait une dissolution prochaine, le découragement était partout! le général Bonaparte débarque à Cannes, l'espérance renaît et l'on ne doute plus du salut de la patrie.

Bientôt arrive la révolution du 18 brumaire ; les Conseils y donnent leur approbation, nomment une commission consulaire exécutive. Bonaparte, Sieyes, Roger-Ducos sont Consuls provisoires, ils choisissent en même temps dans leur sein deux commissions chargées de s'entendre avec les Consuls et de discuter la constitution qui serait proposée. Mon père fut président de la commission des Anciens.

Un ancien membre de l'Assemblée Constituante, homme de mérite, mais avec lequel il n'avait conservé aucune liaison, vint le trouver à la commission qu'il présidait : « On a, lui dit-il, des projets sur vous, il faut que vous entriez dans le gouvernement. — Je ne suis pas l'homme qui convient, et, peut-être, la marche qu'on suivrait ne me conviendrait pas. — C'est Bonaparte qui m'envoie. » La réponse fut la même.

Peu de jours après, il reçoit du général-consul une invitation à dîner. Rien n'y est dit qui ait rapport à l'ouverture qui a été faite. Enfin, paraît la nouvelle constitution qui crée trois Consuls définitifs, le général Bonaparte est le premier, Cambacérès le deuxième, Le Brun le troisième.

Le caractère bien connu de ce dernier, sa conduite ne permettent pas de douter qu'il n'ait pas recherché cet honneur périlleux. Une seule fois avant son départ pour l'Egypte, il avait rencontré le général ; — il est vrai que, lors des campagnes d'Italie, dans un rapport de la commission de surveillance de la trésorerie, il s'était exprimé ainsi : « En Italie, des résultats plus importants et une marche plus régulière, là, une armée toujours victorieuse s'est établie dans ses conquêtes, un général qui sait vaincre et négocier, y asure l'exécution des traités, et sous le règne des armes, une administration presque civile. » Cet éloge si mérité plut sans doute à celui qui en était l'objet, car depuis, Napoléon le rappela au troisième Consul. Son anxiété fut grande, le général Bonaparte, il le sentait, pouvait seul sauver le pays ! mais quelles seraient plus tard les conséquences d'une révolution militaire ? Faudrait-il en échange de l'anarchie subir le despotisme ? et lui-même, en devenant l'instrument, ne démentirait-il pas sa vie entière ?

Ce fut dans cette disposition d'esprit qu'il se rendit chez le premier Consul : il parla de son âge, de ses craintes, de ses espérances ; du besoin de lois fixes, impartiales, qui pesassent également sur tous les partis. « Vous serez content » furent les derniers mots d'une assez longue conversation.

Déjà sous le consulat provisoire, la confiance avait commencé à renaître. La loi des otages, celle de l'emprunt forcé avaient disparu, tout se ressentait du génie et de l'activité du chef du Gouvernement. Avec la nouvelle constitution, les mêmes principes furent suivis, on en connaît les résultats ! On a dit que le premier Consul en choisissant

Cambacérès avait voulu donner satisfaction aux intérêts de la révolution, qu'en nommant Le Brun, il avait eu pour but de rassurer les royalistes modérés et constitutionnels, qu'il voulait rallier à son gouvernement. Cela est très-vraisemblable ; mais il y a lieu de croire aussi que d'autres motifs encore déterminèrent ces deux choix. Tous ceux qui ont été initiés aux affaires de cette époque, ont su la confiance que le premier Consul avait dans ses deux collègues. Celle qu'il témoigna au troisième Consul eut dans le principe un caractère plus intime. Il voulut l'avoir près de lui aux Tuileries ; il le faisait appeler souvent, hors des heures du travail, et lui-même a été vu plusieurs fois, montant à six heures du matin au Pavillon de Flore, où demeurait le troisième Consul. On sait la part que ce dernier eut dans le choix d'un très-grand nombre de hauts fonctionnaires, des préfets. On sait même que Lucien Bonaparte, alors ministre de l'intérieur, en conçut du mécontentement. — Il contribua à l'organisation administrative, et plus spécialement à celle des finances. — On reconnait son style dans les belles proclamations qui contribuèrent si puissamment à apaiser les discordes civiles en faisant connaître les principes que voulait suivre le chef du gouvernement. C'est aux services rendus à cette époque que Napoléon, trop grand pour les méconnaître, faisait allusion quand, sur le rocher où il expiait sa gloire, il dictait ces paroles écrites dans le Mémorial de Sainte-Hélène. « Le premier Consul aux Tuileries succédait à des temps d'orages, à des mœurs qu'il voulait faire oublier, mais il avait été toujours aux armées ; il arrivait d'Egypte, il avait quitté la France jeune et sans expérience, il ne connaissait personne et c'est ce qui lui causa d'abord beaucoup d'embarras. Le Brun fut pour lui, dans ces premiers moments, une espèce de tuteur fort précieux. » — et plus loin : — « Le premier Consul avait une répugnance naturelle contre les faiseurs d'affaires ;

il se vit presqu'aussitôt entouré de femmes de fournisseurs, de spéculateurs, etc. , etc. Mais le sévère Le Brun était là pour éclairer son jeune Télémaque. » On y lit encore : — « Napoléon avait choisi en Cambacérès et Le Brun deux hommes de mérite, deux personnages distingués, tous deux sages, modérés, capables, mais d'une nuance tout-à-fait opposée. L'un avocat des abus des préjugés, des anciennes institutions, du retour des honneurs etc. , etc. ; l'autre froid, sévère, insensible, combattant tous ces objets, y cédant sans illusion, et tombant naturellement dans l'idéologie. » Mon père n'était point idéologue, il avait vu de trop près les hommes et les affaires, mais il estimait plusieurs de ceux qui étaient désignés par cette épithète.

Ces citations du Mémorial me dispensent de rien ajouter, elles expliquent sa position sous le Consulat et sous l'Empire, avec les vastes projets médités et mis à exécution par Napoléon ; il ne pouvait plus être un instrument utile, il le sentait, il n'en éprouvait aucun mécontentement ; plus que la faveur, il prisait l'estime de Napoléon ; il savait bien ne pouvoir la perdre, il en eut des preuves. La Ligurie va être réunie à la France. L'architrésorier reçoit les pouvoirs nécessaires pour opérer cette réunion ; ses actes auront force de loi, il nommera provisoirement aux différents emplois. La campagne qui fut terminée par la bataille d'Austerlitz venait de s'ouvrir ; des bruits sinistres se répandent en Italie ; Gênes et ses trois départements restent calmes, son gouverneur peut disposer du peu de troupes qui lui avaient été laissées pour pacifier les troubles qui s'étaient manifestés dans les états de Parme, Plaisance et Guastalla, nouvellement réunis à l'empire. La correspondance de l'Empereur avec le gouverneur général de Gênes a de l'intérêt. Dans les lettres de Napoléon, on retrouve le coup

8

d'œil rapide qui embrasse tous les objets, même ceux qui paraissent de peu d'importance : cette volonté qui ne reconnaît aucun obstacle. Dans les lettres de l'architrésorier, une persévérance respectueuse à résister à tout ce qui peut aliéner au souverain l'affection de ses nouveaux sujets. — Parfois, Napoléon exprime son mécontentement avec vivacité, il y joint toujours des expressions d'estime. L'organisation de Gênes terminée, l'Architrésorier demanda son rappel, il l'obtint, mais il dut rester encore trois mois à Gênes, où sa présence, lui écrit l'empereur, est encore nécessaire. De retour à Paris, Napoléon lui exprime sa satisfaction. — Mais Votre Majesté n'a pas toujours été contente de moi. — Aussi je vous ai grondé. — Il est vrai, sire, j'ai senti quelquefois la griffe du lion.

L'architrésorier retrouva à Paris ses habitudes, ses études accoutumées, il faisait sa cour à l'empereur autant que l'exigeait sa position ; sa seule occupation importante fut l'organisation de la Cour des comptes et son installation qu'il dut faire par le privilége de sa dignité. Ainsi s'écoulèrent les années 1807, 1808 et 1809.

Le 8 juillet 1810, il reçoit une lettre de Rambouillet ainsi conçue :

« MON COUSIN,

« J'ai besoin de vos services en Hollande ; faites préparer vos équipages de voyage et rendez-vous le plus tôt possible à Rambouillet pour y prendre vos instructions. Il est indispensable que vous partiez demain soir de Paris pour Amsterdam. Cette lettre n'étant en autre fin, je prie Dieu qu'il vous ait en sa sainte et digne garde.

« Signé : NAPOLÉON. »

Il part pour Rambouillet, l'Empereur l'attendait avec impatience. — Ah ! vous voilà, Monsieur l'architrésorier, vos

équipages sont-ils prêts ? — Oui, sire, mais j'espère encore que Votre Majesté en rendra l'emploi inutile. — Non, j'ai besoin de vous en Hollande, vous savez ce qui s'y passe ; le roi Louis est parti après avoir abdiqué en faveur de son fils ; il n'avait pas le droit de disposer d'une couronne qui m'appartenait, il a manqué à ses devoirs envers moi. Je garde la Hollande, je la gouvernerai moi-même. Vous allez vous y rendre avec le titre de mon lieutenant-général : voici vos instructions, partez sans retard. — Je suis tout prêt, mais il est de mon devoir de rappeler mon âge à Votre Majesté, de lui dire que je serai peu propre à ce qu'elle attend de moi ; je ne l'ai pas entièrement satisfaite à Gênes, je ne pourrai pas faire mieux ailleurs.
— Vous êtes l'homme qu'il me faut en Hollande.

L'architrésorier avait soixante et onze ans, sa santé, affaiblie momentanément, donnait des inquiétudes à sa famille. Il part cependant, il arrive seul, il n'a autour de lui que des ministres, des fonctionnaires publics hollandais ; il faut les connaître, gagner leur confiance, se mettre au courant d'une administration vaste et compliquée. Les caisses étaient vides, il faut assurer les services publics : il y parvient ! L'exécution des règlements sur la contrebande était confiée aux généraux français, les officiers, les sous-officiers y participaient sous leurs ordres ; ces derniers isolément, presque sans surveillance.

Aux vexations, aux abus qu'ils faisaient éprouver, il fallait encore en ajouter d'autres de la part des douaniers ; il concilie, autant qu'il lui est possible avec la répression de la contrebande, les intérêts du commerce et ceux de la pêche, qui n'avaient pas moins d'importance. Les Hollandais lui tinrent compte du bien qu'il faisait et du mal qu'il empêchait. Cependant, il s'occupait sans relâche du travail né-

cessaire pour substituer les lois françaises à celles qui régis-
saient le royaume, il y fut aidé par des hommes habiles qui
lui furent envoyés de France et dont la plupart avaient été
désignés par lui. Cette transition opérée mit fin aux pouvoirs
extraordinaires du lieutenant de l'empereur. Il resta en
Hollande avec le titre de gouverneur-général et des attributions supérieures à celles qu'indique ce titre.

Les mêmes principes qui avaient réglé sa conduite à
Gênes, il les avait suivis en Hollande. Mais l'Empereur y
vint, il y fut bien accueilli, et témoigna au gouverneur-
général une satisfaction plus complète. On se rappelle ces
paroles bienveillantes, mêlées d'une légère ironie, qu'il
adressa à une députation : — J'ai fait tout pour vous
accommoder, ne vous ai-je pas envoyé l'homme qu'il vous
fallait ? Vous pleurez avec lui, il pleure avec vous, vous
pleurez ensemble. Que pouvais-je faire de mieux ? — Cette
plaisanterie, qui triompha du flegme hollandais, n'en contenait pas moins son propre éloge et l'éloge de celui qu'il
avait choisi.

Aucun événement important ne signala en Hollande les
années 1811 et 1812. La retraite de Moscou avait rendu
de l'espoir aux partisans de l'ancien gouvernement, mais il
ne se produisait pas au dehors. Le désastre de Leipsick, en
1813, la marche rétrograde de nos armées, qui en fut la
conséquence, détermina un mouvement général, qui se
manifesta le 15 septembre à Amsterdam par des cris de :
Vive Orange ! le feu est mis par la populace aux baraques
des douanes, de l'octroi des droits réunis. Le préfet se
dérobe par la fuite aux cris de mort qui le poursuivent.
Aucun tumulte, aucun cri autour du palais du gouverneur.
Il fait appeler les différentes autorités ; elles se rendent à
son appel ; il leur annonce son départ pour le lendemain et

les congédie après leur avoir recommandé les mesures d'ordre et de sûreté publique qu'exigent les circonstances.

A onze heures du soir, plusieurs personnes, les premières de la ville, peut-être celles qui dirigeaient le mouvement, viennent en députation. — Nous craignons, disent-elles, l'agitation du peuple et les excès auxquels il peut se porter, ils ne respectera peut-être pas le gouverneur-général, mais que le duc de Plaisance dépose ce titre, et il ne trouvera personnellement à Amsterdam et dans toute la Hollande que des témoignages d'attachement et de respect. Nous-mêmes nous lui servirons d'escorte, nous l'accompagnerons avec une suite nombreuse de voitures. — Voici la réponse : « Arrivé ici comme lieutenant de l'Empereur, gouverneur général maintenant, j'en repartirai avec ce titre. Je ne crains et ne puis craindre le peuple d'Amsterdam. » Le lendemain matin, ainsi qu'il l'avait annoncé, il montait en voiture, traversait la ville, recevant partout des marques de respect.

Après son départ commencèrent des scènes de pillage et de désordre. Un colonel de gendarmerie fut gravement blessé, une femme tuée, enfin une régence fut créée et rétablit l'ordre.

On connaît les événements de 1814. L'âge du duc de Plaisance ne lui permettait pas d'y prendre une part active.

Vainement M. de Talleyrand l'avait pressé d'assister à la séance du sénat où devait être prononcée la déchéance, il n'avait pu rien obtenir ! Au moment où la séance va s'ouvrir, il lui envoie son secrétaire particulier pour tenter un dernier effort.

Voici la réponse textuelle du duc de Plaisance, recueillie par une personne présente :

« Dites à M. de Talleyrand que tant que Louis XVI a vécu,

j'ai été fidèle aux Bourbons; pour eux j'ai porté ma tête presqu'au pied de l'échafaud; dequis, la France s'est ralliée à un autre gouvernement: je suis loin d'approuver tout ce que l'Empereur a fait, mais j'ai reçu ses bienfaits, je ne me joindrai pas à une assemblée qui tend à le détrôner.

Dans les Cent-Jours il ne prit point de part aux affaires, mais il accepta le titre de grand-maître de l'Université; il ne voulut point de réaction, ne tint pas de compte de dénonciations intéressées, il conserva et encouragea les hommes de mérite, ne scruta pas leur conscience, mais ne souffrit pas que des discussions politiques détournassent les professeurs de leurs devoirs et la jeunesse de ses études. Exclu de la Chambre des Pairs le 24 juillet 1815, il y fut rétabli en 1819.

Entouré de sa famille, il est mort le 16 juin 1824 dans sa terre de Sainte-Mesme, avec cette tranquillité d'âme qui accompagne l'homme de bien à ses derniers moments.

LE DUC DE PLAISANCE.

Paris, le 5 octobre 1847.